"十年磨一剑"的美国中学留学指南

去美国读中学

The Road to American High School

乌日娜◎著

中国商务出版社
CHINA COMMERCE AND TRADE PRESS

图书在版编目（CIP）数据

去美国读中学 =The Road to American High School ／ 乌日娜著.
— 北京：中国商务出版社，2016．9

ISBN 978-7-5103-1628-9

Ⅰ．①去… Ⅱ．①乌… Ⅲ．①中学教育－留学教育－介绍－美国②中学
－介绍－美国 Ⅳ．① G639.712.8 ② G649.712.8

中国版本图书馆 CIP 数据核字（2016）第 222919 号

去美国读中学

The Road to American High School

乌日娜　著

出　　版：中国商务出版社

地　　址：北京市东城区安定门外大街东后巷 28 号　　邮编：100710

责任部门：国际经济与贸易事业部（010-64269744　　bjys@cctpress.com）

责任编辑：张高平　何　昕

总 发 行：中国商务出版社发行部（010-64266119　64515150）

网购零售：中国商务出版社淘宝店（010-64269744）

网　　址：http://www.cctpress.com

网　　店：http://cctpress.taobao.com

邮　　箱：cctp@cctpress.com

印　　刷：廊坊市蓝海德彩印有限公司

开　　本：787 毫米 ×1000 毫米　1/16

印　　张：8.25　　　　　　　　　　字　　数：153 千字

彩　　插：3.5

版　　次：2016 年 11 月第 1 版　　　　印　　次：2016 年 11 月第 1 次印刷

书　　号：ISBN 978-7-5103-1628-9

定　　价：38.00 元

序　一

自从进入留学行业以来，我一直专职从事美高留学咨询及申请工作，至今为止已经第十个年头了。这份工作给我带来了强烈的责任感和使命感。我的每一个决策都可能影响一个孩子的教育和一个家庭的未来。看到越来越多的家庭选择了申请美高，看到了孩子们对未来充满了向往，看着他们为自己的目标不辞辛苦的努力，看着他们拿到自己心仪的 offer，我充满了成就感。

从业至今，我很高兴能够为众多迷茫的家庭梳理孩子的留学规划，能够给大家提供真正客观的信息，能够帮助学生发现自身特点从而选择真正适合他们的学校、帮助学生找到他们真正喜欢的教育模式，这是作为美高顾问最大的使命。

《去美国读中学》的初衷是指导有意把孩子送到美国读中学的家庭，帮助他们制订一个符合自身需求的留学规划。很多家长在搜集整理孩子出国信息时需要花费大量的时间和精力：要查阅网站，还要甄别信息的真伪和信息是否已过时效。因此，出版一本留学指导类的图书，至少能够让大家节省很多的时间去做信息的整合和筛选工作，这不失为一件有价值的事。

本书是我从事美高留学顾问工作 10 多年的积淀，凝聚了 200 多位学生的成功案例。本书引言部分对比分析了中美两国中学的教育制度和教育理念的差异，简要概括了去美国读中学的优势。第一章主要介绍了美国私立中学的概况，包括私立中学的分类、具体情况、优势及私立寄宿高中著名的十校联盟的情况。第二章简要介绍了申请美国中学的七种标准化考试情况，包括 SLEP 考试、SLATE 考试、TOEFL 考试、SSAT 考试、ISEE 考试和 SAT/ACT 考试等。第三章到第十章详细阐述了选校、面试、申请、录取、签证、体检、行前准备等各个环节的相关情况，给学生提供了较为全面的申请指导。本书最后一章是近期刚刚完成的，本章结合我2016年9月赴美考察十所顶尖私立寄宿中学并与招生官进行沟通的情况，分析了这些学校的特点及招生政策，并为家长和学生提供了一些申请方面的参考建议。

我个人认为：这本书具备很强的实用性，对于计划送孩子赴美读书的家庭会有所帮助，可以让学生在整个申请美国中学过程中做到不盲目、不慌乱，最大程度地避免纰漏。

这本书的出版与很多人的努力是分不开的。我要首先感谢中国商务出版社张高平老师给予的帮助，在他的支持下，这本书得以如期面世；感谢行田留学的小伙伴余敏、徐晓宁、孙广泽、巫浩对我出书的鼓励和支持，尤其是孙广泽一直不厌其烦地帮我校对、调整、宣传，以及为此书选定书名并联系出版；感谢我的学生家长Cathy博士、蘑菇教育的创始人程瑶老师、我的朋友王执以及我的学生兆琦，他们给予我大力支持；最后还要感谢我的同事梁申楠、武栋辉、郭霖霖、何蓉、陈雅维，行田留学的未来因你们而无限美好！

本书难免会有诸多不足，还请各位读者朋友谅解。从事留学顾问行业十余年，深知这个行业的发展日新月异、新人辈出，欢迎各位专家指正交流。

乌日娜

2016年10月10日 北京

序 二

2014年秋季，我和日娜在留学机构聚集地——北京中关村附近的星巴克相识，那时她还在新东方美国中学部工作。

我非常清楚地记得那天阳光很好，大家在星巴克轻松但又激动地聊着美国高中留学。当谈及竞争日益激烈的私立高中录取时，日娜十分专业地侃侃而谈，语气平静、温和且信心十足。我很清楚，与其他阶段的留学不同，美国高中的申请过程复杂且烦琐，家长对于申请的每个环节都会密切关注，申请顾问经常承受很大的压力。我接触过几千名美国高中适龄学生，见证过几千名学生的申请过程，日娜这种处事不惊的性格对于美国高中留学申请顾问来说是不可或缺的，我非常赞赏这种态度。

日娜是美国高中留学行业真正意义上的资深顾问，也是低龄留学界的"老"专家。她入行的2007年，中国大陆赴美读中学才刚刚起步，每年全国也只有几十个学生，但如今美国高中留学已经发展成为每年几万人的巨大市场。这十年来，日娜一直深耕于此，已经累计为美国中学输送了数百名学生。

得知日娜要写《去美国读中学》这本书，我非常支持。这本书凝聚了她近10年的从业经验，结合真实的案例分析，为新时代去美国读高中的家庭提供翔实、专业的建议和指导。

在竞争激烈的申请行业中，不浮夸才是最难得的态度，这样的顾问也是家长可遇不可求的。希望乌日娜老师更好地发挥专业特长，为更多的低龄留学生以及家长提供帮助。

蘑菇教育创始人 程瑶

2016年11月1日 北京

引　言

一、为什么去美国读中学

选择美国中学，其实不仅仅是选择一种教育模式，更多的是选择今后的人生道路，这也是许多家庭的重大决定。因此，美国中学能给孩子带来什么，这种新鲜东西是否对孩子未来的发展方向有良好的指导，都是家长考虑的至关重要的问题。

从业十年来，我走访过众多美国院校，希望分享给大家一些体验。美国中学到底能带给我们什么？总体来说，美国中学带来的是不一样的理念、不一样的学习方式、不一样的作业、不一样的活动和不一样的环境。

从理念上来讲，美国中学更多地注重：创新、正直、领导力、自信、奉献。美国私立中学历史比较悠久，每所学校都有自己的办学理念，并会一直秉承、延续着这种理念。学生能否被录取，最重要的一个标准是学生的教育背景及理念是否与学校相匹配。在中国，我们讲究的是学业上的超群和人品上的正直，关注更多的是学术方面而非理念。然而美国的中学却非常看重申请人对于学校理念的认同程度。除了学术和品质方面，他们还会非常关注孩子及家庭的分享、奉献精神。另外，美国学校也看重"community"的概念。生活在每个社区当中，学生是否能为这个社区贡献自己的力量，也是学校看重的，同时也是学校着力培养的，这种精神会伴随学生的一生。

从学习方式的角度来讲，中美学校的差异就更加明显。美国教育比较注重学习过程，这和我们国内长久以来注重学习结果的教育形成了鲜明的对比。在语言学习方面，美国学校重视基础学习和阅读积累，因为语言学习是一个循序渐进的过程。在作业方面，美国中学的作业也很不一样。它们更多地是需要学生自己去搜集资料，独立阅读，独立思考，带着问题去完成作业。比如，图1和图2是一个学生的雕塑课作业，要求学生呈现一幅作品出来。

图1　　　　　　　　　图2

图片来源：Cape Henry Collegiate School Grace Li

　　这对学生的审美、动手能力、结构规划等方面都有要求。在完成此作业的过程中，学生能够学到很多新的知识。

　　美国中学的课外活动就更加丰富多彩，这也是很多孩子赴美读高中的主要原因之一——学生们希望有更多的时间用在自己感兴趣的爱好方面，而美国中学在这个方面给予学生极大的支持。在课程的设置上，学校要求学生必须选修一定的艺术、体育学分，那么，单纯从学习的角度讲，学生除了要完成自己的学业外，还要在学业和爱好方面寻找最佳平衡。有要求必然有支持，美国中学在师资及设施方面给学生们提供了极大的便利条件。美国私立中学汇聚了专业知识水平极高又非常有热情的老师。在他们的带领下，学生能够很好地发展自己的爱好。在设施方面，学校有运动场馆、剧院、画室、户外球场等，在学校里，学生可以做很多自己喜欢做的课外活动，也可以借此结交很多志趣相投的朋友。图3是作者在走访 Cushing 时看到同学们在做泥塑的情景。学生们

图 3　　　　　　　　　　　　　　　　　图 4

还有自己管理的暗房（见图4），他们在此可以学习专业知识。

留学，我们会非常关注环境，包括自然环境和人文环境。美国的私立中学，尤其是寄宿私立中学，都提供非常良好的学习和生活环境，风景如画，令人心身愉悦。（见图5）

这样的教育模式，给孩子们提供了非常健康的成长环境，让他们能够在需要积累知识的最好时间享受最好的资源。学生们虽然辛苦，但也非常幸福，并且这种教学模式对孩子们的成长有深远的影响。

图 5

二、美国的教育体系概况

据统计，目前在美国读中学的中国学生人数在 5 万人左右。近五年，这一数据还在不断地增长。我们发现，身边越来越多的家庭选择或者考虑送孩子出国读书。教育是每个家庭给孩子最大的投资，我们越来越认识到教育带给孩子的不仅仅是一纸文凭，也是一种体验、一种阅历，并且能帮助孩子树立更完善的价值观。

去美国读中学，是孩子们了解美国文化，学会包容、理解的过程；是改变自己适应社会的过程；也是为将来读大学打下良好基础的过程。

美国中学分为公立和私立两种。作为国际学生，可以用 J1 或者 J2 的签证进入美国公立中学，作为政府文化交流项目的一员在美国公立中学交流一年。当然，现在也有部分公立中学可以签发 I-20 表格，允许学生用 F1 签证入关。但一年后，学生如果想继续在美国读中学，还是需要转入私立学校，这主要受限于签证政策。

因此，大部分的学生会直接选择就读美国的私立中学。美国的私立中学又划分为寄宿和走读两种，这两者之间的差异就在于住宿形式不同。寄宿学校的学生住在学校宿舍，而走读学校的学生住在学校周边的寄宿家庭里。不论寄宿学校还是走读学校，根据学校的性质又划分为：男校、女校、合校，大学预料、艺术学校、军事化管理学校、特别学校，宗教学校与非宗教学校等。

美国中学和中国中学在学制划分上也有差异，美国的高中是四年制，即从 9 年级到 12 年级。

　　去美国读中学，让孩子成长为一名世界公民，这是很多家庭选择让孩子们走上留学旅途的主要原因。这个过程中，我们可以看到孩子们体验不同的课堂、不同的活动，做不同的作业，这些变化让孩子们的成长更加地丰富多彩。（见图6、7、8）

图6

图 7

图 8

图片来源：Dowid Fan——Middlesex School 毕业生

第一章　美国私立中学概览

　　美国有 27000 多所私立学校,其中近万所是 9 年级以上的高中。私立中学总体具备如下特点:学术要求更高, 价值观念和体系更明确, 师生比例高, 社区环境更安全。但是在美国各地区, 其学校的教学水平也存在极大的差异。

一、美国私立中学分类

（一）按住宿情况分类

　　（1）走读学校（Day School）。它是指学生住在学校周边寄宿家庭的学校, 高中每学年平均收费约 $19000。

　　（2）寄宿学校（Boarding School）。顾名思义, 寄宿学校是为学生提供食宿的学校, 大部分寄宿学校也接受走读生。寄宿学校属于私立学校中比较特别的一类, 有近 300 所。寄宿生比例为

20% ~ 100%，因学校而异，平均为72%。

——全体住宿校(All Boarding)。全美只有20多所这样的学校，100%学生住校，一周住校七天。

——部分学生住校（Boarding-Day School）。部分学生居住在学校附近，这一类学校最多，有200余所，寄宿生比例从5%到99%不等。

——学期内七日住校（7-Day Boarding）学生一周七天住在学校宿舍，在一些短假期，学校会关闭宿舍，如感恩节、圣诞节、春节等。关闭宿舍期间，学生要离开宿舍。

——周日至周四住校（5-Day Boarding）。学校要求学生周末离校，高中每学年平均收费31000美元。

（二）按学生性别分类

（1）男女生合校（Coeducational School），占绝大多数。

（2）男校（Boys School），只招收男生。

（3）女校（Girls School），只招收女生。

（三）按培养方式和方向分类

（1）大学预科（College Preparatory School）。学生以申请大学、适应大学教育为目的。

（2）艺术学校（Pre-Professional Arts School）。学生以训练成为不同艺术领域（音乐、视觉艺术、戏剧、芭蕾舞、创作等）的艺术家为目的。学生将来既可以进入任何传统大学，也可以进入音乐学院、艺术学院这样的艺术专业院校。

（3）军事化管理学校（Military School）。这种军事化管理学校具有和其他私立学校一样的基础特点，但是更强调体育运动及团队合作的重要性和价值，教导孩子要遵守纪律和服从管理。通常这类学校要求统一着装和进行军事化训练。

（4）特别学校（Specialty School）。这类学校主要是指针对在教育方面特殊要求的学生，例如有 ADD、ADHD 的学生。

（四）按照宗教附属关系分类

（1）非宗教学校（Non-denominational School）。即无宗教背景的学校。

（2）宗教学校（Religious School）。即有宗教背景的学校。最多的是天主教学校、基督教学校，其他还有卫理公会派、公益会派等多达 18 种宗教教派的学校。美国的绝大多数宗教学校并不极端，除了少数学校有较为浓厚的宗教色彩外，大多数宗教学校的宗教色彩并不浓。宗教学校一般会有该教教义的宗教教育课程，有祈祷、弥撒或者静默时间。这些学校也欢迎不同宗教背景的学生，并尊重他们的信仰。学校不会强制学生加入任何宗教，也不强制学生参加宗教活动；但部分学校要求学生上神学及宗教的课程。

宗教学校和非宗教学校最大的区别就是资金来源，一个资金主要来源于宗教团体，另一个是非宗教团体。在教学模式上也有很大的差别，宗教学校更加注重宗教背景、圣经、教义对孩子人格的影响。

（五）按照学校提供的年级分类

（1）大学预备学校（College Prep School）。只有 9—12 年级。

一半以上的寄宿学校只开设 9—12 年级高中阶段课程。

（2）高低年级合校。除了高中阶段，学校也设 6—8 年级，有少数学校也设 1—8 年级。还有一些学校招收 7—12 年级或是 8—12 年级的学生。

（3）PG 年级。大部分高中学校除了 9—12 年级之外，还设了一个特别的 13 年级——PG（Post-Graduate），类似国内高中的复读班，给那些尚未准备好上大学或者没有申请到自己满意的大学的 12 年级毕业生再修习一年的机会。

二、私立寄宿学校的情况介绍

（一）私立寄宿学校的概况

以下是近 300 所独立的寄宿学校（Boarding School）平均情况。

表1　寄宿学校平均情况一览表

项目	概况
宗教信仰	大部分无宗教归属，有 g 部分属于基督教的某个分支
建立年份	1900 年
校园面积	150 英亩（约合 647000 平方米）
学生	**人数**
9-12 年级学生数	268 人

续表

学生	人数
有色人种比例	16%
国际学生比例	15%
寄宿学生比例	72%
SAT 平均分	1680（满分 2400）
提供第 13 年级	无
班级	**教学与课程**
周六加课	两周一次
统一服装	正式
班级规模	12
教师、学生比例	1∶7
为非英语母语学生提供的英语课（ESL 课）	有
AP 课程	13
校级体育项目	13
课外活动	20
硕士以上教师比例	60%
暑期课程	有
财政	**金额**
校务基金	$1700 万
寄宿学生学费	$36000
非寄宿学生学费	$2000
向本国学生提供财政资助	是
接受助学金学生比例	30%

续表

财政	金额
向国际学生提供财务资助	否
奖学金	无
考试与录取	**项目与比例**
标准化考试	SSAT, ISEE, TOEFL, SLEP, 60%

从表 1 中可以看出，美国的私立寄宿学校通常都有悠久的历史——平均都在一百年以上，学校面积比较大，有色人种平均占 16%，国际生平均占 15%，充分体现了美国多元文化特点。此外，寄宿学校采用小班教学，师生比例高，平均每班 12 人，大部分学校都为国际学生提供 ESL 课程，师资力量雄厚，多数寄宿学校的教职员拥有硕士以上学历。

（二）私立寄宿学校的具体情况

1. 校园环境

美国私立寄宿学校面积很大，平均约 64 万平方米，大致相当于 94 个国际标准英式足球场。学校面积不一定和学生数量成正比，靠近市区的学校面积较小，郊区的学校面积较大。比如，排名前 3 的寄宿中学 St. Paul's School，位于新罕布什尔州，面积为 2000 英亩。而靠近城市的 Concord Academy 校园面积仅有 39 英亩。

每个学校各有特色，有的校区有围墙，有的则没有围墙，很开放。一般学校通常按照功能划分为教学区域、图书馆、课外活动区域、运动和户外活动区域、宿舍区、餐厅。宿舍区除了卧室之外，通常有公共休息室、电视室、洗衣房和可以做简单食品的厨房。大一点的学校会有不止一个餐厅，以方便学生就近用餐。

美国中学运动场的占地面积比教室要大，大都有美式足球场、英式足球场、网球场、棒球场、篮球场和室内运动场。学校一般也都至少有一个画室、一个表演艺术厅。有的学校还有展览馆和博物馆。

2. 教师配置

美国的私立寄宿学校通常有两类老师，一类是负责教授学生学术课程的老师（Teacher），还有一类是负责学生管理的老师，即训导主任、学生导师、家房老师和顾问老师。

（1）教课老师（Teacher）：美国的高中采取学分制，没有中国传统的"班级"的概念。上课的时候，学生到老师所在的课室去上课。因此，一个教室里可能有9年级学生，也可能有其他年级的学生。教课老师会在教室（通常也是该老师的办公室）等学生来上课，上完课学生就离开，学生有问题可以留下跟老师沟通，也可在老师的工作时间到老师的办公室找老师咨询问题。

（2）训导主任（Dean）：主要任务是处理比较严重的学生违规情况，比如处理学生的停学、开除等。很多时候，训导主任要跟当地警方和法庭合作，管理一些问题学生。学生严重违反课堂纪律，老师通常会提交到训导主任那里，训导主任自然会找学生或者联系家长。

（3）学生导师（Advisor）：每一个学生，从一入学就会被分配给一个导师。通常一个私立学校学生导师分管5–15名学生。学生导师的工作是指导学生在校的一切学习及生活相关的辅助工作，包括：如何选修课程等。另外，学生导师也负责联络家长，向家长汇报学生的在校学习及生活情况。学生导师都经历过心理辅导训练，所以他们也可以为学生做心理辅导。学生一切问题都可以和他的导师沟通。

（4）班主任（家房）老师（Homeroom Teacher）：一些高中生的课程表中有"家房"（Homeroom）的时间。家房的功能是在每天上课之前，或是每天找一个时间，让同一年入学的学生聚在一起，进行学生管理活动。比如，记录考勤、宣布通知；学生自治委员会成员的选举提名、竞选；家房老师负责维持秩序，不管学生成绩好坏或者是否有纪律问题，家房老师也一样教课。

（5）顾问（Counselor）：美国人特别讲究术业有专攻，学校配备专业的顾问老师。学生如患上忧郁症，如有精神问题或情感问题，可以找心理咨询顾问。此外，每个学校都配备大学申请顾问，负责指导学生如何申请大学和奖学金，如何为了这个目标而选课、选择活动、安排时间等。有些较大的学校还配备职业顾问，负责指导学生如何找工作、参加社区服务等。

3. 教学

（1）上课方式：美国的高中实行学分制，课程也分为必修课和选修课。每个人选的课程科目组合、深度都是不一样的，没有固定的班级，每门课上课的学生都有不同的组合。因此，老师坐在教室里，学生根据自己选择的课程每节课走进不同的教室上课。比如，一门微积分课教室里可能同时有四个年级的学生。

（2）课程难度：为鼓励学习能力强的学生，同时又照顾到不同程度的学生，美国中学课程分为：常规课程、荣誉课程、高级课程及 AP 成 IB 课程。学生可以自由选择课程的难度。高中生每学期的期末总评成绩很重要，它是高中生升大学的基础。要想获得高中毕业证书并申请到理想的大学，美国高中四年的各科期评平均成绩必须在 3 分以上。GPA 期评成绩一般包括三个方面：平时考试成绩约占 50%，期末考试成绩约占 20%，课堂发言和作业约占 30%。期末考试成绩是平时考试成绩的综合。

AP 课程就是大学预修课程，是对高中生开放的可以选修的北美和世界大多数大学承认学分的大学一年级课程。高中生只要上了这些课，并通过标准化单科 AP 考试，就可以得到大学的学分。重要的是，学生得到的 AP 学分越多，就越能证明学生的学术能力强，这样进入一流大学的机会自然就更大一些。

进入顶尖大学除了 SAT 考试成绩之外，大学更看重学生在高中四年的课程安排。学生的课程具有挑战性，则从另一个角度证明学生的学业情况和能力。每个学校的课程数目不同，这些课包括传统领域的数学、英语、历史、科学、体育等，也包括商业、管理、艺术、音乐、技术教育、健康、家庭与消费者科学等。有些课程是为了促进学生全面发展而设置的，比如汽车修理、木工、心理学、家政课等。

（3）中学生到大学去：如果学校各种深度的课程仍然难不倒你，满足不了你的学术追求，那就到大学去或申请选修大学的相关在线课程。很多优秀大学都有针对高中生的课程，通过一定的考试，你就可以在中学阶段去大学读书了，所得学分在大学阶段也适用，这样就可以减少大学的压力。而且，因为参加这种课程本身就有一定的难度，所以在申请优秀大学时，中学阶段曾去过大学读书也是自身能力一个强有力的证明。

（4）ESL 课程：对于英语是非母语的国际学生，先过语言关才是最重要的，所以很多私立学校都提供以英语为第二语言的课程（English as a Second Language），也就是我们常听说的 ESL 课程。这些课程是为了帮助学生尽快提高英语能力而设置的。所以语言能力相对较薄弱的学生，也应考虑该学校是否有 ESL 课程。通常，ESL 课程是需要额外支付费用的。

（5）关于作业：美国的作业要求学生动脑筋思考的多，这样的作业能充分调动学生的积极性，鼓励学生去查找和了解相关事实，并自己动脑筋去思考问题，而不是死记硬背课本。有时老师布置的作业，不是单一这门功课的作业，而是需要结合其他学科的知识一起来完成。总之，在美国中学读书的作业，对学生有着更大挑战，也意味着更大的空间和开创性。

（6）特殊教育：即生命教育和生存教育。美国等国家规定在中小学实施生命教育，目的在于帮助学生科学地了解人的生与死，坦然面对生命历程中不可抗拒的客观规律，从而获得更充实更有价值的人生体验。而生存教育是"一种能力的培养"。这种教育包括适应新环境的能力、对于竞争压力的忍受能力、在平等竞争中创造自己独特性的能力、发挥并表现自己优势的能力，这其中也包括领导能力的培养。

4. 推荐人

在申请大学的时候，大家会找中学的老师作为推荐人，因此老师对学生的印象非常重要。美国老师喜欢活跃的、有独立思考能力和见解的学生。优秀大学寻找的学生，要求有创造性思维能力，有敏锐的分析判断能力，有发现问题的眼光和理性的批评精神，能够独立思考，自我驱动性强。

中美老师眼中优秀学生标准对比

中国	美国
能够知道答案	能够提出问题
长于记忆	长于猜想
带着兴趣去听	表达有力的观点
能理解别人的意思	能概括抽象的逻辑
能抓住要领	能演绎推理
完成作业	寻找课题
乐于接受	长于出击
吸收知识	运用知识
善于操作	善于发现、发明、创造
喜欢自己学习	善于反思、反省
安静，自己能解决问题	提出问题，分享讨论

5. 课外活动

美国寄宿学校通常有丰富多彩的课外活动，也鼓励学生为社区提供服务和做义工。私立寄宿中学平均有 13 种体育活动和 21 种课外活动。除了通常的田径和球类运动之外，美国中学的体育活动还有滑雪、棒球、高尔夫球、垒球、曲棍球、冰球、游泳、网球、排球、越野运动等。

俱乐部的活动内容更是丰富多彩，大的学校多达上百种俱乐部。传统的俱乐部有艺术俱乐部、合唱团、管弦乐队、戏剧俱乐部、辩论俱乐部、读书俱乐部等。学生除了参加自己感兴趣的俱乐部或者组织之外，自己也可以成立俱乐部。比如，日本动画俱乐部、反对酒后驾车俱乐部、反对家庭虐待学生社等。不管是兴趣俱乐部还是体育队、音乐队，只要有兴趣就可以加入，并有机会代表自己的学校参加校际活动和比赛。

在假期，特别是暑假期间，学生可以去拜访亲戚和朋友，也可以参加各种夏令营活动。很多优秀大学也开设针对高中生的暑期班，学生通过参加暑假班，可以拓宽知识领域，体味大学学习。夏令营也根据兴趣有很多方向可以选择：艺术、学习、野外生存、国际文化、体育。既有体育夏令营，又有足球夏令营、潜水夏令营、登山夏令营、骑马夏令营等。学生假期也可以去做义工，参加社区服务，或者到医院、公司、政府部门做见习生。

美国强调人才培养的全面发展，所以这些丰富多彩的活动也为学生多方面发展创造了条件。而且丰富的课余活动也对申请大学很有利，大学希望看见的是一个自成体系运转良好的个体。对于在中国强调学习成绩、应试教育体制下长大的学生，利用去美国读中学的机会，可以开发潜能，培养自己更多的兴趣。

6. 日常生活

美国人喜欢任何事情都有个公约、准则。每个学校都有自己的学生手册，简单的有十几页，复杂些的多达上百页，包括了学校生活的方方面面。这些学生手册既有行为做事的大准则，写明学生所应遵守的共同价值标准、权利、义务，也有细微而具体的外出规定、作息时间、电话使用、异性关系、旷课、违规处理，涉及学习生活的方方面面。

（1）着装。大部分寄宿学校都有统一校服。学校分三种情况作出规定：上课的着装、非正式场合的着装、特殊场合的着装。即使着装比较自由的那些学校，也把着装要求很详细地写在手册里。有的学校要求男生要穿衬衣、系领带，必须系皮带、男生不能戴耳饰等。一般手册里都会规定女生裙子的长度。

（2）同学关系。一般学校低年级都是两个学生住一间宿舍。学校会尽量为外国学生搭配一个当地学生，或者安排来自不同国家的学生住在同一间宿舍。这使国际学生在增进友谊的同时，也增加了对文化、风土人情的了解，迅速提高英语能力。一些学校还会为同年级国际学生自愿结对为友谊家庭，这为国际学生的节假日增加了丰富的内容。很多寄宿学校的毕业生认为寄宿经历是难以忘怀的，学生在这个校园社区内生活、学习、彼此包容，并为之贡献每个人的能力。

（3）宿舍生活。每个宿舍楼区都有宿舍管理人作为宿舍监护人（Dorm Parents），管理学生的宿舍生活并辅导学生功课。宿舍有单人房及双人房，老师与学生生活、学习在一起，关系融洽就像一家人。学生所获得的经验不限于在课堂上的有限时间，而是可延伸至与同学、老师、教练和辅导顾问分享课堂内外的多彩生活。课后及周末，学校会提供各种室内或户外活动，充实学生生活。例如：学习驾驶飞机，在校园广播电台主持节目，参加跨越全国的滑雪比赛、机器人大赛、社区服务等。

（三）私立寄宿学校的优势

美国私立寄宿学校的学习为学生提供了这样的机会：

（1）通过离开家庭生活而学会独立、守纪、成熟；

（2）为进入世界一流的大学做好学术准备；

（3）具备更明确的价值观及自我认知；

（4）鼓励不断尝试新鲜事物；

（5）训练流利的英语听说读写能力；

（6）培养领导力和责任感；

（7）结识全世界的新朋友，建立深厚的友谊，积累人际关系；

（8）和老师建立亲密的联系；

（9）就大量不同种类的课题进行小班学习并能得到个别辅导；

（10）多元化发展；

（11）得到 24 小时照顾。

（四）私立寄宿中学十校联盟介绍

在美国，有八所私立大学（哈佛、耶鲁、普林斯顿等）享誉世界，被称为常春藤大学联盟，或常春藤盟校。而私立寄宿高中也有一个很著名的十校联盟（英文缩写 TSAO），又称十校联盟。十校联盟成立于 1966 年，是十所位于美国东北部的私立高中，因为其学校录取率低、教学质量高、历史悠久、杰出校友众多而闻名于美国乃至世界。例如，菲利普斯高中的知名校友包括：老布什（第四十一任美国总统）、小布什（第四十三任美国总统）、小布什的弟弟杰布·布什（佛罗里达前任州长）、梁诚（清政府驻美国大使）、吉格梅·旺楚克（不丹现任国王）等。而菲利普斯－埃克塞特高中的知名校友包括：富兰克林·皮尔斯（美国第 14 任总统）、丹尼尔·韦伯斯特（两次担任美国国务卿）等。

十所学校名单如下：

（1）Phillips Academy 菲利普斯安多福高中

所在地：马萨诸塞州安多佛 Andover, Massachusetts

（2）Phillips Exeter Academy 菲利普斯埃克塞特高中

所在地：新罕布什尔州埃克塞特 Exeter, New Hampshire

（3）Choate Rosemary Hall 乔特罗斯玛丽霍尔学校

所在地：康涅狄格州沃灵福德 Wallingford, Connecticut

（4）Deerfield Academy 迪尔菲尔德高中

所在地：马萨诸塞州迪尔菲尔德 Deerfield, Massachusetts

（5）The Hill School 希尔学校

所在地：宾夕法尼亚州波特镇 Pottstown, Pennsylvania

（6）Hotchkiss School 霍奇基斯高中

所在地：康涅狄格州雷克维尔 Lakeville, Connecticut

（7）Lawrenceville School 劳伦斯维尔学校

所在地：新泽西州劳伦斯维勒 Lawrenceville, New Jersey

（8）Loomis Chaffee School 卢米斯查菲学校

所在地：康涅狄格州温莎镇 Windsor, Connecticut

（9）St. Paul's School 圣保罗高中

所在地：新罕布什尔州康科德 Concord, New Hampshire

（10）Taft School 塔夫特学校

所在地：康涅狄格州沃特镇 Watertown, Connecticut

十校联盟成立于 1966 年，虽然该组织存在的时间尚短，但是十所名校的平均校龄达 167 年，其中历史最为悠久的是 1778 年成立的 Phillips Academy，最年轻的则是 Hotchkiss School。十所名校都有百年相承的优良传统，它们是学术教育的先锋，引领教学方式的试验与革新。例如，Phillips Exeter Academy 于 19 世纪 30 年代开始推行圆桌教学法（Harkness Table），这种教学方法后盛行于 20 世纪，并应用于很多其他的知名寄宿中学，是一种非常科学的讨论式学习方式。

十所名校的教学质量极高，大学入学考试 SAT 成绩平均一般都在 2000 分左右（满分 2400 分），而美国全国平均分通常为 1500 分。十所名校要求严格，入学率低，生源好，教学质量高，占地面积大，能够开展丰富多彩的课外活动，因此，培养出的学生个个出类拔萃。下面详细介绍其中 4 所学校。

1. Choate Rosemary Hall（乔特罗斯玛丽中学）

（1）学校简介

Choate Rosemary Hall 位于 Connecticut（康涅狄格州）的美丽小镇 Wallingford，学生总数 865 人，教师 120 名。Choate 家族最早于 1890 年创办了 Rosemary Hall 女子学校，之后于 1896 年创建了 Choate 男子学校。1906 年，Rosemary Hall 搬迁到康涅狄格州的 Greenwich，并于 1971 年搬回 Wallingford。1974 年，两校正式合并为 Choate Rosemary Hall。

（2）课程设置

这所学校的学术课程非常全面，一共开设 240 门课程，学生可以选择自己感兴趣的课程。学校还拥有 25 门 AP（大学预修班）课程，学习 AP 课程的学生中，80% 都能在 AP 考试中取得 4-5 分的优异成绩。Choate Rosemary Hall 为学生提供了优秀的教师和优质的学习设施。学校拥有多座多功能和多用途的教学楼，可以为各式各样的课程和活动提供场地。

（3）学校优势

Choate Rosemary Hall 的地理位置非常优越，离波士顿和纽约只有两个小时左右的车程。学校为学生提供了特别的学术项目和社区服务的机会，例如，假期组织学生去法国、西班牙、意大利和中国体验多元文化生活，让学生得到更多的锻炼。学校还拥有五名全职升学顾问，准确评估学生的条件，为学生选择合适的大学提供专业的个性化建议。另外，学校还拥有超一流的健身中心，让学生在学习的同时也能享受到超一流的健身体验。

（4）录取要求

Choate Rosemary Hall 的竞争非常激烈。例如，2010 年秋季，申请该校的学生共有 1761 名，但最终获得录取的只有 269 名，录取率仅为 15%，可见这所学校的要求之高。

考试成绩：（9-10 年级：SSAT 85% ~ 87%，IBT 100 分；11-12 年级：需提供 SAT 成绩。

近三年在校成绩单：平均成绩 85 分以上。

老师推荐信：数学老师、英语老师和班主任的推荐信。

申请表：网上申请或纸申都可以。

申请费：$60

面试：托福达到 100 分可以预约校园面试，如果学生由于各种原因不能赴校面试，学校将安排校外面试。

学校网址：http://www.choate.edu

2. Deerfield Academy（迪尔菲尔德学院）

（1）学校简介

Deerfield Academy 位于 Massachusetts（马萨诸塞州）的 Deerfield 这个著名的历史古镇上，与 Deerfield 古镇融为一体。校园面积为 280 英亩，学生总数 636 人，其中有 500 多人寄宿。学校最早创建于 1797 年，是美国第一所男女混合的学校，也是最古老的学校之一。学校十分注重培养学生的创造力及领导能力，以严谨的学术、优美的环境和尽职尽责的教师队伍吸引着广大学生。

（2）课程设置

学校的课程设置十分广泛，有计算机科学、数学、历史、哲学与宗教研究等，且开设了 15 门 AP（大学预修班）课程，以满足不同学生的需求，也为学习能力强的学生提供了进一步充实和提高自己的好机会。

（3）学校优势

学校旨在培养学生成为有责任感的全面发展型人才。学校采取小班授课，师生互动性强，且注重培养学生养成良好的学习习惯和技巧，塑造学生的创造力和独立精神。相关数据表明，该校毕业生中进入常春藤盟校、MIT（麻省理工学院）、斯坦福大学的比例为 27%，其中哈佛入学率为 3.6%，普林斯顿入学率为 3%，耶鲁入学率为 3.1%。

（4）录取要求

考试成绩：9-10 年级：SSAT 87%，IBT 100 分；11-12 年级：需提供 SSAT 成绩和 TOEFL 成绩；12 年级需提供 SAT 和 TOEFL 成绩。

近三年在校成绩单：平均成绩 85 分以上。

老师推荐信：数学老师、英语老师和班主任的推荐信。

申请表：支持在线申请。

申请费：$125。

面试：托福达到 105 分可以安排校园面试。

学校网址：http://www.deerfield.edu

3. The Hill School（希尔中学）

（1）学校简介

The Hill School 建于 1851 年，位于 Pennsylvania（宾夕法尼亚州）的 Pottstown，是美国历史最悠久的学校之一。学校至今还保持着许多建校时的传统，包括领带西服的规章、礼拜和英式的年级称呼等。美国前国务卿 James Baker（詹姆斯·贝克）、摩根大通银行董事长 Douglas Warner（道格拉斯·沃纳）及好莱坞著名导演 Oliver Stone（奥利弗·斯通）都毕业于该校。

（2）课程设置

学校提供了丰富的课程，为学生将来考取美国著名大学以及未来事业的成功打下良好的基础。该校有 28 门 AP（大学预修班）课程供学生自由选择，同时也为学生提供各种进阶和选修课程，且大部分课程都旨在强调批判性思考及写作能力，旨在将学生培养成有领导能力、有责任心以及谦恭有礼的优秀人才。

（3）学校优势

学校地理位置优越，环境优美，课程设置丰富。老师们对学生都非常负责，为学生提供悉心的指导。学校一直致力于追求卓越的学术成就，同时也鼓励学生积极参加各种体育运动、艺术项目、学生自由组织的协会以及社区服务，旨在训练每一位学生的个人能力，尤其是领导能力及创造能力。

（4）录取要求

考试成绩：9–10 年级：SSAT 87%，IBT 100 分；11–12 年级：需提供 SAT 成绩。

近三年在校成绩单：平均成绩 85 分以上。

老师推荐信：数学老师、英语老师和班主任推荐信。

申请表：在线申请或纸申都可以。

申请费：$100。

面试：托福达到 100 分可以安排校园面试，如果学生由于各种原因不能赴校面试，学校将安排校外面试，或改为视频面试。

学校网址：www.thehill.org

4. The Hotchkiss School（霍奇基斯中学）

（1）学校简介

The Hotchkiss School 位于 Connecticut（康涅狄格州）的 Lakeville，校内有森林和湖泊，环境非常优美。1891 年，在耶鲁大学校长 Timothy Dwight 的引导下，Maria Hotchkiss 建立了这所为男生准备进入耶鲁大学的私立学校。时至今日，The Hotchkiss School 已经成了一所男女合校的综合性高中，学校的规模和涉及的领域都有了很大的发展，该学校成为 Lakeville 地区最著名的中学之一。

（2）课程设置

The Hotchkiss School 开设了超过 245 种科目以及 20 门 AP（大学预修班）课程，包括不同的学科和不同的领域，学生有机会享受丰富的教育资源，在有限的时间内学到更多的东西。所有的课程都是为了使学生进入大学学习而设置的，帮助学生拥有完善的知识结构、丰富的想象力，并有能力做出正确的决策，使学生成为一个终生积极学习的人。和其他学校一样，学校还开设了丰富多彩的选修课程，帮助学生在学习中发现和培养自己的爱好。学校采用小班制课程教学，这样每名学生都可以得到指导老师的细心教导和帮助。学校注重培养学生的学习能力、责任心和正直的人格，教导学生掌握正确的学习方法，发展学生的智力和理解能力，培养学生的自信心和独立能力。

（3）学校优势

学校为学生提供了富有挑战性的、全面深入的教育，也提供了学生展示自我的机会，如一年举办六次的 The Tremaine Gallery 艺术展，就为喜爱艺术的学生搭建了展示自己作品的平台。学校还设立了一个 The Center for Global Understanding & Independent Thinking，为学生了解世界和改变世界提供了一个很好的机会。另外，学校还很贴心地为毕业生提供 Gap Year（间歇年）的机会，便于学生利用这一年的时间根据自己的兴趣外出实践。

（4）录取要求

考试成绩：9–10 年级：SSAT 87%，IBT 100 分；11–12 年级：需提供 SAT 和 TOEFL 成绩。

近三年在校成绩单：平均成绩 85 分以上。

老师推荐信：数学老师、英语老师和班主任的推荐信。

申请表：在线申请或纸申都可以。

申请费：$100。

面试：托福 100 分以上可以安排校园面试。如果学生由于各种原因不能赴校面试，学校将安排校外面试，或改为电话面试及视频面试。

学校网址：http://www.hotchkiss.org

※ 需要说明的是：上述 4 所学校每年的录取要求都会变化，因此本书列举的数据仅供参考。

三、私立走读学校的情况介绍

（一）私立走读学校的具体情况

美国私立走读学校是指学生在学校完成日常的课业学习、文艺体育活动，放学后到寄宿家庭就餐休息的一种学校。这种学校的学习方式对于中国学生而言，就是指学生在美国寄宿家庭中享用早晚餐，白天在学校里完成日常的学习活动，晚上回到寄宿家庭和寄宿家庭成员进行日常交流，且在周末或者节假日可以和寄宿家庭出游进行休闲娱乐。私立走读学校的主体学生是美国本土学生，学生都来源于附近的社区。近年来，部分走读学校也面向世界招收国际学生。

私立走读学校由于没有住宿床位的限制，在保证教学质量的前提下，招生数量较寄宿学校相对较多，因此，走读学校规模往往比寄宿学校大一些。但这并不意味着走读学校教学方式会因为学生过多而改变，走读学校仍然坚持小班授课，和寄宿学校完全一样。它们对体育运动和课余兴趣活动的要求也不比寄宿学校低。

学生上走读学校，寄宿家庭营造的纯美式环境让学生可以更加深入地了解并尽快融入美国社会。寄宿家庭的家长，会把寄宿的国际学生也当作家庭的一分子，很愿意带着留学生一起参加社会活动、家庭活动等。

另外，值得一提的是，费用上，走读学校的性价比更高一些，但教学质量不逊色于寄宿学校。

（二）私立走读学校的优势

1. 院校资源丰富

美国优秀中学里，走读学校的数量远远多于寄宿学校。对于国际学生来说，寄宿学校只有 300 多所，而且是全世界的学生都在申请，导致寄宿学校的竞争越来越激烈，入学门槛越来越高。而这只是对于国际学生而言，对其本土学生来说并无变化。于是出现这样一种现象：国内非常优秀的学生只被很一般的寄宿学校录取。而走读学校选择非常多，申请走读学校竞争程度较寄宿学校小，申请到理想学校的可能性反而更大。

2. 国际学生少

走读学校以本土学生为主，学校里的国际学生比例相对寄宿学校而言很小，不会出现中国学生扎堆的现象。同时，住在寄宿家庭加速提高了孩子英语学习的能力，也为孩子增加了了解与适应本土文化的机会。与美国本土的学生比起来，中国的学生需要弥补的正是语言和文化的不足，而这些在学校里靠书本的学习是很难做到的。

3. 时间安排灵活

中国学生赴美读高中最重要的目的是升入理想的大学。要想升入好的大学，就要根据自己的情况做一些相应的准备。除了学校各科目的平均成绩也就是所说的 GPA 要达到 4.0 以上之外，还要具备很多不同于别人的独特优势。比如，有组织或参加很多社团的经历，有体育和音乐方面的特长，或有很强的动手能力。住在寄宿家庭里的学生可根据自己的兴趣和时间进行安排，而寄宿家庭通常也乐于带学生去参加当地的社团或者教会的活动。另外，对于高年级的学生来说，在规定的时间内还要准备托福、SAT 考试，这也是需要学生花时间和精力去准备。就读走读学校，没有规定的作息时间，学生的申请时间更加自由一些。。

4. 性价比高

去美国高中留学的家庭投资比较大，寄宿学校的学费是相对比较昂贵的，一年下来全部费用大约 60000 美元，而且学费每年都有小幅增加。而选择走读制学校，尤其是教会走读制学校的费用每年大约 40000 美元（含学费、寄宿家庭费、监护人费等）。这个费用根据地区的不同略有差异，经济发达、消费水平高的地区，费用也会相对比较高。走读学校比就读同州同级别的寄宿学校一年学费少 1 万 ~ 2 万美元。而走读学校的教学质量一点都不亚于寄宿学校，有些学校甚至好过寄宿学校，可见走读学校的性价比更高。

5. 教学质量好

很多人可能认为费用相对低廉的走读学校的教学质量比不过寄宿学校。其实这种私立走读学校 80% 都是由教会资助的，主要为其附近的社区居民服务，所以学费自然要比寄宿学校便宜。至于教学质量，是比较有保证的，因为它是私立学校，如果教学质量不好的话，对于学校的招生也是有一定的影响的，毕竟美国本土学生可以免费入读公立学校。虽然这种走读学校的学费要比寄宿学校便宜一些，但学生还是需要付钱才能上。

6. 入学申请截止时间较晚

由于走读学校不受床位的限制，所以入学时间可以相对推迟，部分顶尖走读学校申请截止日期是一月份，需要和寄宿同时准备申请，不过大多数走读学校在三四月份仍可以申请，是滚动招生的。

7. 对标准化考试成绩的要求相对灵活

对于顶尖的走读学校，需要有托福成绩，最好能够达到 90 分以上，同时需要准备 SSAT。国内的很多高中生，尤其是重点高中的学生，学习压力异常沉重，没有过多时间去准备托福和 SSAT。对于没有标准化考试成绩或者成绩不是很理想的学生来说，走读学校是比较好的选择。部分走读学校有自己的考试或测试，学生申请后通过了该学校的考试就有可能被录取。

8. 学生接触面广

因为走读学校不提供住宿，所以学生就必须住在当地人的家里。家庭是社会的缩影，住在当地人家里可以使学生有更多的机会接触美国社会，从而了解美国的文化、风俗习惯、美国人的处事原则等，并有利于扩大视野，这对于孩子将来的发展是件好事。

9. 免去学生假期回国的麻烦

美国的学校假期很多，最长的假期是暑假，其次是圣诞节假、春假，这几个假都超过了两周。除此之外，还有很多一周或者几天的短假。比如，感恩节假、国庆节假、劳动节等，美国的寄宿学校在假期期间要关闭宿舍，大多不负责安排学生假期的事宜，也不承担学生放假期间的监护义务，这样就使得部分同学每年要往返几次中国。在这个方面，走读学校学生就更有优势一些，住在寄宿家庭就不存在这类问题。学生可以不用回国，继续留在寄宿家庭里，免去回国的麻烦。

第二章　考试

申请美国中学需要准备的考试有 SLEP、SLATE、TOEFL Jr、TOEFL、SSAT、ISEE 及 SAT/ACT。每种考试针对的学校层次、申请年级、学校地区等因素都不太一样。

一、SLEP 考试

SLEP 考试的全称是：Secondary Level English Proficiency Test，考试内容包括：听力、阅读（词汇、语法），考试题型共 6 种，常用第 4、5、6 种，总分：67 分。SLEP 考试在小托福出现以前比较受认可，考试时间灵活方便，难度较低，不用参加培训。2012 年小托福考试面市之后，SLEP 考试慢慢被取代。目前 SLEP 考试仍被部分普通走读中学、三类的寄宿中学采用。SLEP 考试可以用作学生阶段性的英文水平测试，比较容易，很多咨询机构都可以安排 SLEP 考试。

二、SLATE 考试

SLATE 考试的全称是 Secondary Level Assessment Test of English，考试内容包括：阅读、写作、听力、语法、口语。考试时间为 90 分钟，阅读、听力和语法部分都是由电脑进行自动评分，考生会得到一个指数分值和与之相对应的等级（0-6）。写作和口语部分是由英语为母语的专家按照标准的评分量规打分。考试的任一部分权重比例分配相当，在多项选择部分，对猜选或错选的答案不扣分。正式的分数报告会以图表格式向考生展示分数信息。以图像模式显示的技能概括，尤其能够通过考生的测评，为考生的英文五项技能的优势和不足做逐一的展示。部分西部学校要求提供 SLATE 考试成绩，大部分学校都可以用 SLEP 或者托福考试成绩替代。

三、TOEFL Jr. 考试

TOEFL Jr. 考试是 ETS 于 2012 年 7 月 1 推出的，用于替代 SLEP 测试更加官方的考试。考试内容包括：语言形式与含义、听力、阅读，各一项计 300 分，满分 900；考试时间：每月 1 次，提前两周报名；考生群体：11-15 岁之间的中学生。本考试主要用于申请 6-8 年级的寄宿中学及部分走读中学。

四、TOEFL 考试

TOEFL 考试的有效期 2 年；考试内容包括：听力、口语、阅读、写作，每一项计 30 分；考试时间：每月 2~3 次，提前两个月报名；申请范围：一类、二类寄宿中学，较好的走读中学。本考试适合英文能力较强、准备时间较早、计划申请名校的学生。

五、SSAT 考试

SSAT 考试的全称是 Secondary School Admission Test，即美国中学入学考试，适用于申请美国、加拿大的私立中学，5-7 年级的学生考低级，8-11 年级的学生考高级。考试内容：数学、阅读、词汇，写作不计分；考试时间：11 月、12 月、1 月、3 月、4 月；比较适合英文基础好的学生，及目标是一类寄宿中学的学生。通常托福 80 分以上再开始准备比较合适。

六、ISEE 考试

在美国所有申请私立学校的申请人都必须提交一个标准考试的成绩，这个标准考试可以是 SSAT 或 ISEE。对于申请美国私立中学的中国学生，除必须有托福成绩外，也常被要求提交上述标准考试的成绩。在美国本土，选择这两种考试的考生人数基本各占一半。私立走读学校里更多会要求 ISEE 成绩。ISEE 是目前唯一完全采用网上考试，而且没有固定考试时间，只需确定考点开放时间和完成报名手续后，就可以考试，这为申请程序提供了很大的便利。考生在报名时可选择 6 所申请学校提交成绩，包含在报名费里。考试后提交成绩，需额外付费。ISEE 的考试题目完全按照考生所在的学龄段进行细化，4 申 5 或 5 申 6，考 Lower Level，6 申 7 或 7 申 8 考 Middle Level，8 申 9 和以上，考 Upper Level。Middle/Upper Level 考试的时间为 160 分钟，其中包括 30 分钟的写作时间。与此同时，ISEE 还有为小学入学考试设计的 Primary 2、3 和 4 三个级别的考试。目前在中国大陆地区只有益思教育的办公室考点可以举办 Primary 三个级别的考试。

ISEE 的成绩分三种格式:原始分（760–940）、百分点分（1–99）和标准九分（1–9）。原始分来自考生正确答案的数量,ISEE 没有任何错误答案惩罚。

七、SAT/ACT 考试

SAT 是由美国大学委员会（College Board）主办,其成绩是世界各国高中生申请美国大学入学资格及奖学金的重要参考,它与 ACT 都被称为美国高考。2016 年改革后,新 SAT 总分为 1600 分,分为阅读、文法和数学三部分,写作改为选考,由 ETS 承担其命题及阅卷工作。它们的考试成绩只是录取学生时参考的材料之一,不像中国高考一样起完全决定性的作用,其成绩有效期为 2 年。

ACT 的全称是"American College Testing",中文名称为"美国大学入学考试",是美国大学本科的入学条件之一,也是奖学金发放的重要依据之一,由 ACT INC 主办。ACT 考试包括五个部分:英语、数学、阅读、科学以及作文（选考）。ACT 考试是美国唯一包括科学科目的大学入学考试。

每一道 ACT 考题都经历了 12 个步骤的研发和命题过程。ACT 考试通过了严格的设计、预测、分析和校准以设置区分度,确保测量的准确性和可靠性。ACT 考试分数达到了考试分数可靠性和有效性的专业标准。这两种考试主要是为申请美国高中 11 年级的学生准备的。

第三章　选校

选校是整个申请环节最重要的一个部分，是学生申请规划的核心。科学的选校定位能够让学生的申请过程比较顺畅，录取结果也比较理想。不合理的选校会浪费很多时间和精力。

根据我个人从业经验，我总结的选校核心原则是：

（1）适合自己的是最好的（核心）。

（2）选校要分层次，理性冲刺，合理保底（策略）。

要找到适合自己的学校，首先要对自己的申请要素进行客观的分析：标准化考试的成绩，经过培训后成绩提升的空间及潜力，活动背景评估分析，家庭背景分析，自己未来的规划，经济因素，对地理位置的期待等。

一、意向调查及分析

我们选校流程的第一步是填写选校意向调查表，了解学生及其家庭背景，分析学生特点，然后给出匹配的选校建议。以下是我们选校流程的第一步：填写意向调查表。

美国中学选校意向调查表

姓名：		生日：	
在读年级：		申请年级：	
性别：		申请季度：	
选校意向（可多选）			
学校性质：			
○男女合校　　　　○男校　　　　　　○女校 ○军校　　　　　　○寄宿初中　　　　○艺术高中　　　　○不限			
选校区域：			
○东北部　　　○五大湖区　　　○西部 ○东南　　　　○中部　　　　　○不限　　○其他（请标注） ＿＿＿＿＿＿＿			
学校人数：			
○ 200~300　　　○ 300~600　　　○ 600~1000　　　○ 1000 以上　　○不限			
住宿形式：			
○住校		○寄宿家庭	○ Boarding House
可提供全年费用：(人民币)			
○ 15 万~20 万	○ 20 万~35 万	○ 35 万~50 万	○不限
是否需要学校提供 ESL 课程：			
○是		○否	
是否接受有宗教背景的学校：			
○是		○否	
特殊备注：			
填表日期：		家长签字：	

二、了解美国学校的特点

梳理清楚自己的需求之后，就可以分析美国学校的特点，知己知彼才能百战不殆。了解美国学校同样需要整理好思路。

我们了解学校的途径有很多，比较直接的方式就是到学校去考察，但不是每个学生都有时间，况且成本也比较高。因此，我们也可以通过网络去了解学校。

学校信息网站：

Boarding School Review；

Private School Review；

Peterson；

Finding School.

常用的权威学校排名：

Prep Review；

Peterson；

NICHE；

Forbes.

排名参考因素及标准主要以 SAT 平均分、常春藤大学录取比例为主，排名能够对比出学校的学术能力及毕业走向，因而有一定的参考价值。对于美国高中的选择，排名是需要关注的一个方面。除了排名，还需要考虑以下因素：地理位置、学校人数、学校面积、所在地的交通、知名校友、学校的投资、课程设置、AP 课程设置、活动分布、宗教背景、宗教课程设置、住宿生比例、学校宿舍条件、学校是否开设 ESL 等方面。这些因素进行综合考虑之后，我们可以大致确定适合自己的学校范围，然后结合学校的录取要求进行最后的确认。

三、选择申请年级

从申请年级来讲，我们大部分学生的规划是读完国内初三后去美国就读 9 年级，完成美国完整的高中，也就是我们说的 9 申 9。我们可以计算一下学生的毕业年级，如果在 20 周岁之前能够毕业的话就没有问题，如果学生毕业年龄超过 20 周岁，通常来讲就需要和申请学校确认下是否能够接受这样的申请。也有部分学生准备较早，考虑读完初二后就去美国读 9 年级，也就是我们说的 8 申 9，或者 8 申 8，这也是比较常见的申请年级规划。8 申 8 比较有优势，不论从年龄规划，从孩子的心智成熟度，还是从英语准备上，到美国的适应程度上都比较有优势，也是美国学校比较鼓励的。相对而言，选择 8 申 9 模式的人较少，因此这种申请模式需要很早开始做培训规划。这种模式对孩子的心智成熟程度、表达能力、独立生活能力、海外交流背景都有较高的要求，适合各方面比较成熟、比较有想法、在美国有交流学习经历的孩子。

还有些孩子规划比较早，小学毕业之后就考虑到美国读初中。可以选择 5 申 6、6 申 6、6 申 7 等几种方式。美国的寄宿初中只有 10 所，选校比较有限。走读学校会要求家长陪读，这需要根据定居城市进行筛选。

四、选择学校类别

在学校类别的选择方面，我们需要考虑的是选择寄宿还是走读，单一性别学校还是男女合校。寄宿学校数量较少，床位名额有限，竞争也比较激烈。走读学校数量比较多，可选的范围比较广。寄宿学校，学生住在学校宿舍。传统上讲，我们会觉得比较安全、放心，学生可以充分地融入学校的社区。近年来，选择寄宿学校竞争激烈，学生需要在标准化考试上做好充分的准备。走读学校申请难度相对较小，学生需要住在寄宿家庭，这样能够感受美国的文化，可以和寄宿家庭进行深入交流，是一种性价比很高的留学方式。但这对学生的交流能力、解决问题的能力要求都比较高。

关于选择男校女校还是合校，我们也需要深思熟虑。美国有非常悠久的单一性别学校教育历史，很多知名寄宿学校。比如，Northfield Mont Hermon、Choate Rosemary Hall，曾经都是单一性别学校，后面发展成合校。首先，不要对单一性别学校有任何的偏见，要客观地评估。其次，单一性别学校的教育模式是基于男女同学大脑发育不同、学习方式的不同而设置的，理论上来讲，是更加科学的教学模式。单一性别学校有更多匹配的活动设置，学生可以根据自身情况做选择。

美国还有一些很有特色的学校，比如，军校和艺术学校，也有同学会考虑。美国的军校高中不太多，除了印第安纳州的 Culver Academies 的男校部分外，大部分军校的学术水平一般。学校的管理上比较严格，对学生的体育活动要求也比较高。美国也有几所比较好的艺术高中，分别是位于麻省的 Walnut Hill School、芝加哥附近的 Interlochen Academy for Arts、加州的 Idyllwild Arts Academy，这几所艺术高中设置不同的艺术专业方向，学生需要结合学校的专业方向提前准备作品集和表演素材，同时也要准备面试及提供标准化考试成绩。

另外，在选校的时候还要考虑是否选择宗教学校。宗教学校是指有宗教背景、有教会理念、需要参加学校的 Chapel Talk、需要上 Bible 课程的学校。那么，是否考虑选择这种类型的学校，就要看孩子家庭的宗教信仰背景、学生对宗教的理解，是否有排斥等来做评估。但是需要有一个开放的心态，正确地看待美国的宗教信仰及宗教文化，如果确实不能接受，在选校的时候就将宗教学校排除在外。

五、选择学校区域

美国比较热门的区域是东北部及加州地区。大部分家长考虑东北部的教育资源比较发达，优秀的大学众多，也云集了大量的顶尖寄宿中学。因此，东北部地区成为大部分中国学生的首选地区。加州地区因其优良的气候条件、斯坦福及伯克利等知名学府而吸引大量的学生，所以也是申请的热门地区。

在地区的选择方面，建议学生综合考虑：除了热门地区外，也要考虑一下非热门地区。尤其是选择走读学校的学生，要更多地考虑一下寄宿家庭的资源问题。某些热门地区学校非常多，周边社区的寄宿家庭并没有那么多，反而不如选择一个非热门地区，可以享受更好的寄宿家庭资源。

六、选择入学时间

美国中学有两个入学季：春季入学和秋季入学。春季入学时间是每年的 1 月份，秋季入学时间大概是每年的 8 月底或者 9 月初。

在选择入学季节的时候，要考虑孩子的年龄、标准化考试的准备程度及目前在国内的学习状态。通常来讲，春季入学的名额相对比较少，不是所有学校都会招生。通常是有人转出或者本身秋季招生没有招满才会有春季名额空出。

　　所有的学校都有秋季招生，相对来说，名额较多，机会也比较多。8、9年级作为每所中学的第一年，都会招生；10、11、12年级的招生因学校而异，有的学校不招收国际学生。所以对于申请10、11、12年级的同学们来讲，要核实学校是否有招生名额，这对于选校来说是异常重要的。

一份科学的选校案例

王同学

北京某重点中学8年级在读学生

申请美国寄宿＋走读9年级2014秋

签约时间：4月份（咨询初期SLEP39）

考试时间：TOEFL 7,8（97）

SSAT 11,12（90%+）

选定学校：

Cate School

Woodside Priory School

OES

George School

Portsmouth Abbey School

St. Stephian Episcopal School

Kent School

Indian Spring School

Lake Forest Academy

St. Luke's School

分析：

这名学生的选校非常科学，从地域上讲，选校不但有位于西海岸的 Cate School、Woodside Priory School，位于东海岸的 Kent School，George School、Portsmouth Abbey School，也有位于芝加哥的 Lake Forest Academy，还有南部的学校 Indian Spring School、St. Stephian Episcopal School，选校达到了一个地域上的优质划分。

从学校性质上讲，有寄宿中学，也有优质的走读学校 St. Luke's School。

在学校的排名方面，也分出了高中低三个层次。该学生的送校是以优质教育为前提，做得非常科学。

附：

行田留学选校规划方案

一、客户基本信息

姓名：　　　　　　　　　　出生年月：

性别：　　　　　　　　　　联系电话：

Email：

二、教育背景信息

现就读学校及年级：***学校七年级　毕业时间：2017 年 7 月

SSAT 考试成绩：还未出成绩　　　考试时间：待定

TOEFL 考试成绩：93 分　　　　　考试时间：2016 年 2 月 27 日

SLEP 考试成绩：无　　　　　　　考试时间：2016 年 5 月 7 日

三、申请目标要求

入学时间：2017 年秋季

申请年级：9 年级

学校类型：* 男女混校　　　男校　　女校　　军校　　其他

地理位置：东北部（以波士顿地区为主）

住宿类型：* 寄宿制　　　　　　　走读制

其他申请期望 / 要求：

四、申请评估建议

1. 标准化考试成绩

学生 2016 年 2 月 27 日出来的 TOEFL 考试成绩是 93 分，其中口语 19 分，写作部分 21 分，还有提高余地，而且学生的潜力在这次考试中没有充分发挥。第一次考试，已经不错，可以看下 5 月份的考试成绩。SSAT 8 月份报名已经开始准备了。

2. 在校成绩

目前还没有看到成绩单，不过根据学生的能力及孩子的描述，应该没有问题。我们还需要看到成绩单再来做最后的评估。但是名校的最低申请要求是平均分最低在 85 分以上，希望老师能够给予理解。

学习能力很强，成绩优秀，是申请的一大亮点。需要注意的是请继续保持在校的优异成绩，不要因为准备托福、SSAT、面试等过多地耽误学校的考试。2017 年 1 月份，美国学校都要求补充最新的考试成绩单，如果成绩不好也会影响到录取结果。

3. 综合背景、特长、奖项

学生个人发展比较均衡，兴趣爱好涉及游泳、篮球、足球、橄榄球、壁球、网球、轮滑、钢琴、长笛、油画、韩语、法语、西班牙语、戏剧表演、配音、微电影制作、模联等多种活动。

有在美生活学习的经历及多次海外交流学习的经历，国际化背景较强。同时，团队活动、社会活动、志愿者活动方面也比较丰富。

希望能够结合自身特点，找到切入点，提供科研或者社会调查等方面主题的论文，有调查、实验结果展示，会更有说服力。

4. 口语表达

发音标准，思路清晰，能流畅表达自己的思想，词汇量丰富。具有很强的表达能力、公众演讲能力及与人沟通的能力。

5. 文书表格的反馈

内容充实，回答有条理。孩子思路清晰，对事物有独到的见解，有些问题还需要进一步补充。

根据学校的要求细化文书素材时，还需要学生及家长的配合。

五、推荐学校名单

序号	学校名称	学校特色
1	Groton School（MA）	教学严谨，很多名人校友，学校师资力量强，课外活动丰富。重点考虑
2	Phillips Academy, Andover（MA）	排名第一的学校，各方面都好，唯一的缺点是老师的关注度不高，对学生的自主学习能力要求比较高。可作为冲刺
3	Concord Academy（MA）	位于 Concord 小镇，生活便利，但是校园面积偏小。可以重点考虑
4	Milton Academy（MA）	位于 Boston 市区，交通方便，是前 30 名学校当中唯一一所位于相对市中心的学校，设施非常好，偏重理科。可以重点考虑
5	Deerfield Academy（MA）	历史悠久，课程丰富，前 10 名的学校之一，最近几年比较偏重招收有国际化教育背景的学生

序号	学校名称	
6	Middlesex School (MA)	学校对学生关注高，注重每个学生个性化的培养，学术强
7	Brooks School (MA)	对学生比较挑剔，喜欢有个性的孩子，是一所各方面比较均衡的学校
8	Tabor Academy (MA)	靠近大海边的学校，海洋生物、海洋研究、帆船等课程比较突出，学术研究排名在 30 名左右
9	Berkshire School (MA)	排名在 30 以后的学校，有的版本在前 50 名，学术研究不错
10	The Williston Northampton School (MA)	周边大学比较多，教育环境好，可以作为备选
11	The Governor's Academy （MA）	历史悠久，注重学生领导力的培养，偏文科一些，校舍略显陈旧
12	St. Mark's School (MA)	英伦风格建筑，家庭式氛围，排名前 30 的学校，比较适合年龄偏小的孩子
13	Philips Academy Exeter (NH)	学术严谨，老师耐心，前 5 名的学校，注重孩子对知识的钻研，喜欢有想法的学生。可以作为冲刺学校
14	St. Paul's School (NH)	学术严谨，注重培养学生独立思考的能力。关注学生的学术能力，可以作为冲刺学校。校园非常大，学生 100% 住宿，宗教气氛较浓，位置比较偏
15	The Stony Brook School (NY)	这所学校可以考虑作为保底学校，位于纽约长岛，有的版本排名在前 50
16	Loomis Chaffee School (CT)	一直是前 30 名的学校，比较注重学生的知识积累、语言功底、学术水平。可以作为备选
17	Hotchkiss School (CT)	学校位于康州，位置优越，校园环境优美，有高尔夫球场并开设高尔夫球课程。学校课程丰富，注重学生个性化的培养及研究型学习。重点考虑
18	Choate Rosemary Hall (CT)	学术优秀，课程丰富，注重学生综合能力的培养。学校的大学升学率高，进入名校比例很高。校园环境优美，体育活动及课外活动丰富。可以重点考虑

续表

序号	学校名称	学校特色
19	Kent School（CT）	学术严谨，学校历史悠久。课外活动丰富，对学生的关注度高，师资力量好。建议考虑
20	Pomfret School（CT）	个别版本排名在前50，可以考虑作为相对保底的学校，不过近几年录取的学生成绩也都不低
21	Canterbury School（CT）	英国式严谨的学校，艺术项目比较好，可以考虑做相对保底的学校
22	Westminster School（CT）	学术型学校，排名在40~50名，学术项目都比较好，可以作为备选
23	The Hill School（PA）	美国高中十校联盟之一，提供家庭式的教育环境，让学生不会感到孤单。适合年龄相对较小的孩子
24	Mercersburg Academy（PA）	综合型学校，学术和体育都很突出，前30名的学校，可以作为备选
25	Westtown School（PA）	宾州很好的学校，在当地的口碑非常好
26	George School（PA）	个别版本排名进入前50，IB教学体系
27	Saint James School（MD）	这所学校位于华盛顿附近，人数在290左右，规模比较小的寄宿学校，关注度高，学术好，排名在40~50名。有宗教背景
28	St. Andrew's School，DE	特拉华唯一的一所寄宿学校，学生100%寄宿，校园非常大，环境和圣保罗非常相似
29	Portsmouth Abbey School（RI）	罗德岛海边的学校，宗教气氛有点浓，必修宗教课
30	Lawrenceville Academy（NJ）	距离普林斯顿仅仅5英里路程，注重培养学生的责任心及领导能力，看重学生独到的见解及思维能力，录取率很低
31	Peddie School（NJ）	距离普林斯顿8英里，学术严谨，毕业生大学去向非常好，可以参考链接：http://www.peddie.org/facts
32	Blair Academy（NJ）	面试要求托福105，学术非常强，人数、面积都是中等规模，校园非常美丽。建议考虑
33	Episcopal High School（VA）	一所学术非常强的前30名的学校，重点考虑

六、推荐理由

根据个人信息、"寄宿中学问答"的情况及学生的性格特点，结合目前各种版本的排名，我们选取了第 1–50 名比较好的学校供学生考虑。参考排名有 Finding School、NICHE、Peterson、Prep Review。我认为这几个是有参考价值的排名。

根据我们沟通交流的情况，区域以波士顿地区为主，可以扩展到周边几个州。我们没有选择加州地区的学校。

结合我的分析及学校的综合特点，初步筛选出 20 所学校作为我们的基本定位。

行田留学　乌日娜

第四章　面试

一、面试的概念

　　面试是申请美国中学很重要的一部分，是学校判断学生是否适合入读本校的重要依据之一。学校通过面试来了解学生的英语能力、个性及特点等，面试形式主要包括视频面试、校园走访、来华面试、第三方机构面试、校友面试、录制视频面试和电话面试等，其中应用比较常见的面试形式有三种：视频面试、校园走访和第三方机构面试。

二、面试的特点

　　1. 形式灵活；
　　2. 考察范围广；

3. 对学生综合能力要求较高；

4. 面试成绩的好坏是决定能否录取的关键因素之一；

5. 部分学校要求家长参与面试。

三、面试的具体要求

面试主要考察学生的语言能力、应对能力和性格特点等，这就要求学生不仅要注重英语的学习和积累，还要锻炼自身的沟通和表达能力。面试形式不同，具体要求也会略有差别，但大体概括为以下几点，仅供参考。

1. 主动问好；

2. 保持微笑，语气谦恭，坐姿端正（避免过多小动作影响交流）；

3. 语速适中，咬字清晰，眼神交流；

4. 回答问题要适度，不要过多回答（免去背诵答案的嫌疑），也不要过少回答（如只回答 yes 或 no，后面可以附带一些解释及说明原因，或者主动转到其他你熟悉的话题）；

5. 不卑不亢，但是要向面试官表示强烈的入学愿望（须针对学校的特点）；

6. 不要过分紧张，主动缓和气氛；

7. 对于已经准备过的问题，请尽量从各个方面扩充答案（避免面试官深入提问）；

8. 英语不好的学生，一定注意避免被老师发现学生在背诵问题答案；

9. 对于 boarding/day, religious/non, co-ex/only 这类选择性的

问题，一定要准备；

10. 面试结束时，须向学校老师提问，如果老师没有这一环节，最好自己主动提问。

面试结束后，礼貌表示感谢，并且对面试感到很愉快。面试之后，写封 Email 给学校，无论成功与否，都向老师表示感谢。

小贴士：

1. 可以针对学校的优势和强项来向面试官提问或者回答问题。

2. 结合学校的特点，重点突出自己与学校相符的兴趣爱好。

3. 因为面试时间较短，所以让面试官第一时间记住你至关重要。开场白最好可以出彩。

四、面试的亮点展示

面试作为申请的重要环节，一定要针对每个学生不同的特点制定相应的面试方案，尽可能挖掘学生的特点，梳理学生的活动，分析学生的优势、劣势，扬长避短，做出合理的面试策略和方案。学生的亮点通常可以通过以下几个方面采用不同的形式去展示：语言能力、阅读量、知识面、课外活动、兴趣爱好、海外经历、家庭背景等。

我们可以通过表 1 来看一下面试时，应该展示哪些方面，展示什么内容。

表1 学生亮点展示

项目	展示内容
语言能力	1．英语能力展示 2．其他语言能力的展示 3．通过面试即兴阅读展示
阅读量，知识面	1．谈及书目 2．谈及学科的知识点 3．个人经历中展现出来的知识点 4．自学能力
课外活动	1．校内活动 2．校外活动 3．社会活动 4．竞赛类活动 5．暑期活动
兴趣爱好	1．艺术类 2．体育类 3．学术类 4．其他类
海外经历	1．暑期夏令营经历 2．交换经历 3．海外生活经历 4．海外学习经历
家庭背景	1．教育背景 2．教育理念 3．文化背景 4．家庭传统

对学生各个方面详细的客观的分析，可从不同的切入点着手，辅以事例，辅以作品等。学生应充分地利用面试机会，将自身的优点或亮点展示出来。

五、面试的能力评估

通过由易到难的题目和学生面谈，根据学生使用的词汇、句法、结构、知识点等，学校可判断出学生的英文基本功。如果基本功过关，可以加大测试难度，考查学生对自己能力的认知、对事物的认知、对不同问题的观点及想法，考查学生的性格特点及思维方式。最后可以通过一些假想类的题目，考查学生的想象力、创造力，从而判断学生对于较难问题的把控能力、对于高端学校的面试胜算概率。

六、面试的时间

对于所有的学校，面试预约尽量在申请截止日期（一般为 1 月 15 是 2 月 1 日）之前。因为对于有些学校来说，面试确认完成也是完整申请的一部分，所以一定要提前阅读官网上的相关要求以及确认申请截止日期。

对于比较难约面试的学校或比较高端的学校，在学生明确定选学校、申请费支付完成之后，申请材料完全递交之前就可以着手预约面试，以免出现后期预约已满的情况。有些学校是接受提前预约面试的。

对于明确回复或是规定必须在申请完全递交后才能预约面试的学校，需要在网申全部递交之后就立刻预约面试。

如果学校回复面试预约已满、不能再安排 skype 面试或校园走访，它们一般还会安排校友面试，时间在截止日期前后一周左右。

学校会让学生到所在地区指定的地点进行校友面对面面试，或是由校友进行 skype 面试。遇到这种情况，学生需要立刻和学校确认，争取面试机会。

（一）各类学校的面试时间

1. 寄宿初中

申请寄宿初中面试时间相对比较早，截止日期通常也比较早（有些学校为 12 月 15 日甚至更早）。不论是视频面试还是校园面试，建议在 10–11 月完成面试，所以面试预约也要在这一时期完成。

2. 寄宿高中

校园面试集中在 10–12 月，skype 面试可以根据学生的规划来预约，尽量在 2 月 1 日之前完成。校园走访需要提前一个月开始预约，一般来说学校是有具体规定的截止日期，某些学校甚至在 12 月中上旬就必须完成校园走访，所以一定要在 10–11 月份就了解清楚这些信息，以免错过预约的时间。学校官网上也会明确指出一周内可以安排走访的日期以及时间段，学生需要提前了解以便老师与家长制定和调整走访行程。整个行程需要在出发前半个月，或至少一周前确定，以免学校或学生双方有突发的计划变动。skype 面试的预约时间最好在 1 月份之前，实在是由于定校晚或是中途加校等其他原因无法完成，也尽量保证在截止日期之前将面试预约邮件或电话发出。

3. 早录取学校

早录取学校的学生面试需要在 12 月底之前完成。不同学校的早录取有不同的截止日期，通常在 12 月 10 日前后，请根据学校的截止日期进行合理的面试规划。

4. 走读直申学校

一般来说，走读学校的校园走访安排比较少。如果家长计划校园走访，则需要安排预约，预约过程和寄宿学校相似，只是走读学校相对来说校园走访的时间比较灵活。家长可以根据每个学校的具体情况确定校园走访的时间。而 skype 面试的预约过程则和寄宿中学相同。

5. 补录学校

在申请截止日期之后再加申的学校，称作补录学校。由于不确定是否会安排面试，因而需要迅速递交申请并且同时预约面试。

6. 第三方机构面试

越来越多的寄宿学校为了简化申请过程，选择与第三方机构合作进行初步面试筛选。关于第三方机构面试的时间，基本上学校在官网上也会明确指出截止日期。学生需要提前阅读了解。由于第三方机构面试最多需要三周的时间才能将面试录像发送至学校，因而学生需要在预约申请截止日期之前至少二十天的第三方机构面试时间。如果学校明确表示在审阅第三方机构面试后才能预约校园走访，那么面试的时间则需更加提前。由于大部分学生选校不可避免会涉及要求第三方机构面试的学校，因而建议学生在定校之前就提前完成面试。

需要注意的是，对于进一步 skype 面试，有些学校规定在第三方机构面试之后便不再安排，只有当学校认为有必要时才会再次安排。而走访的情况则因各学校要求不同而不一样：有些学校来规定，校园走访意味着第三方机构面试不是必须条件，所以要提前了解学生的需求和学校的要求，最好提前邮件或电话确认。有些学校规定，收到第三方机构面试之后即不安排走访过程中的正式面试，这对于想要走访的学生来说可能是一个限制条件，所以也需要提前和学校确认后再将第三方机构面试发送给学校。

（二）面试预约的注意事项

1. 邮件预约

以邮件预约面试是最常用，也是首选的方式，便于书面确认面试日期和学校的 skype 账号。邮件预约时要注意以下事项：

面试预约应在学生确定申请学校（校园走访确定行程）之后再进行，以免预约后学生计划有变。

邮件发送的时间需要斟酌，合适的时间是美国学校的上班时间，以周一到周五 9:00–12:00（美国时间）。

邮件里需要写明学生的基本信息，包括性别、年龄、所申年级等。由于基本是第一次和学校邮件联系，需要正式而真诚，留下好印象。注意在发出之前多检查几遍，以免出现错误。这时已经准备好的申请材料，如成绩单、语言成绩单或其他补充材料也可以附上。校园走访预约需要写明希望走访的时间。

关于收件人，最好到学校官网上查询官方的招生办邮件。如果能找到具体某个招生官的邮箱则更有利，可以在抄送那一栏添加两个邮箱地址，加大回复的可能性。

当学校回复面试时间时，应第一时间查看学生已经确定的面试时间，确认面试时间合适且不与其他学校面试时间相冲突再回复确认，最好能确认校方的 skype 账号，以便面试时联系。

面试预约邮件可能不能及时收到回复，在时间充足的情况下，可以在隔天再发一次邮件。如果在两三天之内还没有收到回复，就可尝试更改收件人，时间紧急应立刻改为电话预约。

面试时间确认之后最好不要频繁更改，以免造成不好的印象，打乱申请进程。实在出现突发状况不能面试或是错过面试，须立即和学校商议重新预约面试时间。

2. 电话预约

在学校比较难联系、不回复邮件、官网上指明必须电话预约或是时间紧迫的情况下，我们需要电话预约面试。注意事项如下：

美国学校一般在 8:00 之后上班，15:00 之后联系上的概率不大，所以要算好时差，确定致电的时间。

在致电之前需要确认校方招生办的电话，将学生的基本信息（姓名、生日、年级、申请邮箱、skype 账号、语言成绩）整理出来备用。

如果校方提到缺少材料或是网上流程，最好立即完成后在当晚再次致电，确认面试时间。

预约成功后需要记录面试的时间、校方的 skype 账号，并在最后礼貌地请求校方发送确认邮件到学生的申请邮箱，留下书面证明。

电话预约可能存在不能立刻接通或自动留言的状况，这种情况下需要坚持不懈地在不同时间段多尝试几次。

七、面试的着装

1. 不论是校园面试还是视频面试，我们都建议学生着正装参加面试。

2. 男生穿西装，系领带或者打领结。

3. 女生可以穿衬衣或者较为正式的裙装。

如此，既可以体现学生对于面试的重视，也能体现学生对于面试的真正理解。

八、面试的流程

1. 校园面试

校园走访—学生面试—学生写作文—家长面试

2. Skype 面试

面试问答—写作

3. 第三方机构面试

Vercant 写作—Free Talk（录制视频）—中文面谈（录制视频）—看图说话（录制视频）

Initial View 写作—面谈（录制视频）

4. 走读机构面试

有些走读机构会需要先做预面试，那么学生需要参加走读机构的 skype 面试。面试一般只有面谈的环节，然后录下来，交给学校，学校看过之后再来决定后面是否还需要做第二轮的面试。

九、面试的反馈

（一）面试反馈之一

老师您好：首先祝您春节快乐！今天我进行了★★★中学的面试，以下是面试情况：

面试官问我：

1. 今天干了什么？去学校了吗？我回答：我参加了一个音乐社团，弹琴了。没有去学校，去了别的社团。

2. 学校有哪些科目？我回答：我们学校有语文、数学、英语、物理、化学、体育、历史。我是 9 年级，在 7、8 年级的时候还有很多科目，如科学。

3. 不喜欢什么科目？喜欢什么科目？我回答：我不喜欢物理，因为图表不易让我明白。我喜欢计算一些数学问题，而且我会用它们解决生活中的难题。英语我认为是很美丽的语言，我喜欢看英语书和英语电影。

4. 喜欢什么英文书或电影？我回答：欧亨瑞的短篇小说和冰雪奇缘。

5. 我的家庭是什么情况？我回答：我爸爸妈妈都是做企业的，我妈妈跟我住在北京，我爸爸在郑州工作。但是在假期我们还是会一起出去玩的。

6. 喜欢什么运动？我回答：我喜欢慢跑和游泳，在学校还会跑 800 米和打篮球，偶尔打排球。

7. 喜欢什么课外活动？我回答：我之前做过两次义工，第一次是帮助警察管理车辆和人群，第二次是给贫困的儿童捐书。

我问面试官：

1. 你们那里的天气如何？

2. 你们学校的科目是什么？

3. 我在寄宿学校，那周六周日可以干什么？

（二）面试反馈之二

首先是自我介绍：我是……来自石家庄市……中学。在学科上，我最喜欢数学和科学，因为它们非常有趣并且可以运用在我的实际生活中，我也用这些知识去进行一些发明。我认为，对我来说困难最大的是地理，因为它很无聊，需要记忆很多东西，但我在尽我最大的努力来学习。

我还向他展示了我的三件发明：

1. Earthquake Desk（三角形铁质结构，地震时可以将椅子收起扣在桌子上形成一个三角结构，人躲在里面很安全）。

2. 废纸做的狙击枪，为了告诉人们应该很好地再次利用纸张。

3. 风车模型，这是我最喜欢的发明，因为这是我设计的第一件东西，那年我九岁。做这个模型是为了告诉人们应该保护自然资源，并且很好地利用可再生资源。

你有什么问题要问我吗？

1. 在这所学校上学的学生课余生活是怎么样度过的？（在工作日的时候，学生会在课余时间做运动，参加社团活动和在图书馆讨论他们的学术问题。在周末的时候，学生们会去看电影和购物或参加一些学校比赛。）

2. 我可不可以把我的发明带到学校？（可以，你的宿舍很大，你可以在宿舍放这些发明，我们也鼓励你在我们学校做一些发明。）

3. 我是否能参加钢琴社团？（可以，在钢琴上社团里你可以进行一些钢琴上的练习或者和你的同学进行讨论。）

（三）面试反馈之三

老师，我是吴……我刚刚完成了和米勒学校的面试，我给您反馈一下大概的面试经过。

开始我们先用视频通话，我们都看不清对方，他说换一下电脑再上线。我等了大概一分钟之后他又上线了。

他先让我做一下自我介绍，我在自我介绍里说了我喜欢的课程（物理）、喜欢的运动（篮球、足球、棒球），还有平时的 hobby（读书，听音乐）。

他先问我关于物理的一些东西，之后又问了我最喜欢的运动。我说是篮球，又说我在我们班的篮球队里。他又问我喜欢什么书，我说是《鲁滨孙漂流记》，我说这本书交给我很多的做人道理：永不放弃，独立，等等。

之后他又问我对于他们学校或者他有什么问题。我问了关于米勒学校的教学方式、环境等，要了他的邮箱 shale@millerschool.com。 他名字是 Sam Hale，我问他有问题可否给他发邮件，他说什么时候都可以，之后结束了。

（四）面试反馈之四

先自我介绍，我提到了 hobby 和喜欢的科目。

然后是介绍学校和为什么喜欢语文和化学。我说了学校的课程安排，从 club 说到因为 experiment club 喜欢化学，说到因为老师教得好所以喜欢语文。

面试官先问为什么要去美国学习，为什么选 Maumee Valley。前面回答我还是那一套：更多选择、更多机会，让学生选择人生道路……然后说还因为美国有好多 clubs，就说这也是为什么我喜欢 Maumee Valley 的原因（有好多 clubs）。

然后面试官就很高兴地打断并开始介绍他们的 club、theater 说了好久……又说 ESL 课可以帮学生适应英语学习环境……

接下来问旅游，其实是想问有没有去过美国。

最后问我有什么问题。我问了 buddy-family（就是住宿生在小假期可以到老师家里面做客什么的）、study assistance、选课指导、sports。

中间对方掉线了三次，但没什么大事，最后一次掉线时已经准备结束了，他给我留了一个学校官网，就没有再连线。

说了将近 40 分钟，中间面试官好像一直在控制时间……

（五）面试反馈之五

昨天晚上……面试了 Hill School， 面试官 Chirs Bala 是他们的 Ass. Director，聊了大约 35 分钟。内容涉及去美国念书的原因、性格特点、个人爱好、体育特长、学校选择、语言学习等诸多方面。总体感觉不错。

另外，就是面试官追问除了 Hill School，还选了哪些其他学校。我回答了 Westminster、Kent、Proctor 等。然后他问与这些学校接触过吗，聊到后来，又追问还有其他选择吗。我回答说，还有 Stony Brook。感觉他们比较在意。另外就是问，如果最后选择学校，是你自己定还是家里。我坚定地回答，自己定。

面试官还问了标准化成绩。我说成绩已经送出来了，但他们好像还未收到。

最后，让我问了三四个关于学校的问题。由于事先准备，相互沟通得挺好，说是以后有问题，可以直接给他发邮件。

十、面试的问题

（一）学生面试的常见问题

1. 在学校参加过哪些社团？（我在学校参加篮球队，我认为打篮球很刺激，还可以交到很多朋友。我们学校只有一个篮球队，我们经常和别的学校进行比赛，我通常会带领我们学校的篮球队赢得比赛。）

2. 参加过哪些志愿者活动？（我参加过很多的志愿者活动，印象最深刻的是在上海世博会做讲解员。我在那里为游客们讲解我家乡的历史，还遇到了很多的外国人。做讲解员可提升我与人交流的能力。）

3. 为什么要来美国上学？（我认为美国的教育更适合我，因为它不仅可以给我更多的运动机会，也可以使我接收到更加专业的知识教育，还可以提升我的独立能力。）

4. 为什么要来我们学校？（这所学校有丰富的教学经验，因为这所学校是在1961年开创建的；还有这所学校的运动项目很多，并且还有很多专业课程。）

5. 你去过哪里旅行？（我去过海南，那里到处是鲜花和树木。因为我很喜欢游泳，所以我去了很多美丽的海湾。我觉得我在水里就像是一条鱼，非常自由，游泳能让我缓解一年的压力。）

6. 你会什么乐器？（我会弹钢琴，我弹钢琴有四年了，但只是为了放松我自己。）

7. 你都看过什么书？（我看过很多书，我最喜欢的书是《了不起的盖茨比》，因为我认为这本书的含义很深，它代表了美国梦。）

一份面试走访计划

12 月 7 日 出发，落地 San Francisco

12 月 8 日 史蒂文森中学（Stevenson School）

12 月 9 日 飞往 Boston

12 月 10 日 威斯顿剑桥中学（The Cambridge School of Weston）

12 月 11 日 圣马克学校（St. Mark's School）

12 月 12 日 泰博学院（Tabor Academy）

12 月 15 日 庞弗雷特中学（Pomfret School）

12 月 16 日 肯特高中（Kent School）

12 月 17 日 乔特罗斯玛丽中学（Choate Rosemary Hall）

12 月 18 日 普林斯顿胡恩中学（The Hun School of Princeton）

12 月 19 日 潘宁顿中学（The Pennington School）

查询路线
A ı School, Del Monte Forest, CA, United States
B ›ston, Georgian Road, Weston, MA, United Sta
C ı, Marlboro Road, Southborough, MA, United St
D ›cademy, Spring Street, Marion, MA, United Sta
E School, Pomfret Street, Pomfret, CT, United Sta
F HOOL, Macedonia Road, Kent, CT, United Sta
G all, Christian Street, Wallingford, CT, United Sta
H ı, Edgerstoune Road, Princeton, NJ, United Sta
I ı, West Delaware Avenue, Pennington, NJ, Unit
查询路线
驾车前往 The Pennington School 的路线
此路线有收费站
A Stevenson School
加拿大
美国
墨西哥
500 公里
500 英里
地图数据

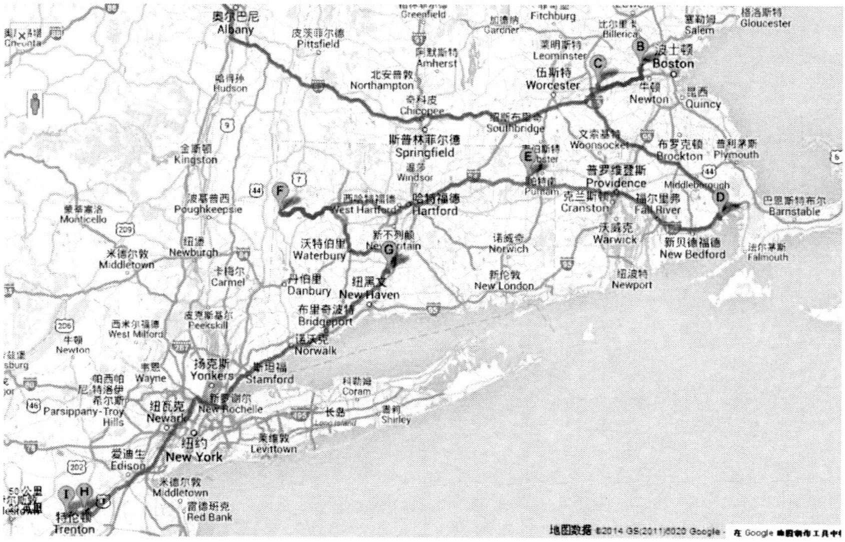
奥尔巴尼
Albany
皮茨菲尔德
Pittsfield
Greenfield
Fitchburg
阿默斯特
Amherst
莱明斯特
Leominster
伍斯特
Worcester
波士顿
Boston
牛顿
Newton
昆西
Quincy
Salem
格洛斯特
Gloucester
北安普敦
Northampton
奇科皮
Chicopee
Southbridge
斯普林菲尔德
Springfield
Woonsocket
布罗克顿
Brockton
普利茅斯
Plymouth
金斯顿
Kingston
哈德逊
Hudson
Windsor
普罗维登斯
Providence
Middleborough
克兰斯顿
Cranston
福尔里弗
Fall River
巴恩斯特布尔
Barnstable
波基普西
Poughkeepsie
West Hartford
哈特福德
Hartford
蒙蒂塞洛
Monticello
纽堡
Newburgh
沃特伯里
Waterbury
诺威奇
Norwich
沃威克
Warwick
新贝德福德
New Bedford
法尔茅斯
Falmouth
米德尔敦
Middletown
卡梅尔
Carmel
丹伯里
Danbury
纽黑文
New Haven
新伦敦
New London
纽波特
Newport
皮克斯基尔
Peekskill
布里奇波特
Bridgeport
诺沃克
Norwalk
West Milford
Newton
扬克斯
Yonkers
斯坦福
Stamford
Coram
Wayne
New Rochelle
长岛
Shirley
Parsippany-Troy Hills
纽瓦克
Newark
纽约
New York
Levittown
爱迪生
Edison
米德尔敦
Middletown
Red Bank
特伦顿
Trenton
地图数据 ©2014 GS(2011)6020 Google

（二）家长面试的常见问题

家长的面试一般会在做完 campus tour 和孩子面试结束之后进行。

1. 对孩子面试的情况做个总结。一般都会表扬孩子，美国人比较习惯赞赏并鼓励孩子，那么作为家长也要表达感谢。面试老师一般会针对面试过程中印象深刻的地方重点和家长沟通，那么，家长在这个时候也可以就老师比较感兴趣的地方再做些家长培养角度的补充。

2. 您为什么考虑在中学阶段送孩子出国读书？

3. 您理想中孩子接受的教育是什么样的，需要什么样的教育环境？

4. 您希望孩子在学校得到哪些支持或帮助？（学习或者生活方面）

5. 您对孩子未来有什么样的规划？

6. 您是怎么了解到我们学校的？是否有留学机构、教育顾问帮助您申请我们学校？

7. 孩子的托福 /SSAT 考试考了几次？是否有做过相应的培训？

8. 您还打算给孩子申请什么其他的学校？这次行程还打算走访其他学校吗？

9. 您的孩子在学业中是否有跳级或者留级的情况，为什么？

10. 您有要留给学校的资料吗？

11. 如有特殊背景，比如国籍、教育经历、家庭背景等，觉得时机合适家长可做说明。

12. 准备 1 ~ 2 个询问学校的问题，有的时候招生官会问：

关于我们学校您是否还有什么疑问？或者您是否还有什么需要了解的？

小贴士：

如果是学校来华面试，需要准备的问题是一样的。

如果是做 skype 面试，面试时家长需要回避，不能出现在学生面试的房间。一般学校不会要求和家长沟通，但是也有个别学校例外，所以也请家长做好准备，等面试完再休息。面试可能问到的问题也和前面总结的问题是一样的。

第五章　申请

一、申请系统的使用

（一）SSAT 系统

　　SSAT 系统是比较常见的申请系统，80% 的寄宿中学都可以通过这个系统来提交申请，使用起来非常的方便、快捷。该系统也和其合作学校达成一致，这些学校都能够接受来自此系统的申请。但是，部分高端的学校比较倾向于学生使用学校自己的申请系统。虽然有些高端学校也接受 SSAT 系统申请，但是 SSAT 系统没有学校的个性化问题。所以，在正常的申请过程中，我们应该根据学生的情况及申请学校的要求，做相应的申请系统的调整。

　　具体操作方式如下：

　　1. 进入 SSAT 系统界面，与报名及查分系统为同一界面。

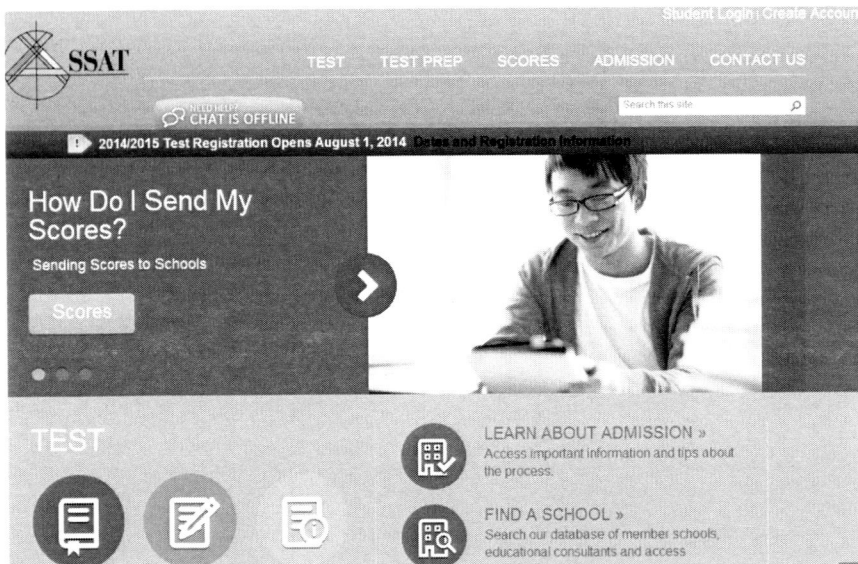

　　如已经有 SSAT 用户名和密码，则直接登录。如果没有 SSAT 用户名和密码，则需要先注册用户名和密码。此用户名和密码需要妥善保存，学生以后如果需要参加考试，还需要使用这个用户名和密码。一个学生只能注册一次，一旦丢失会比较麻烦。如果有关于系统方面的任何疑问，可以邮件联系：info@ssat.org；如果有急事，可以拨打 SSAT 官网电话，尽快落实。

SSAT 中方考试管理委员会

　　地址：上海市黄浦区西藏中路 336 号华旭国际大厦 1905 室

　　考试管理中心咨询电话：021-63306793，周一至周五，9:00–17:00

SSATB 美国中学考试委员会

　　Mailing Address: SSATB CN 5339 Princeton, New Jersey 08543

USA

Courier Mail （FedEx, UPS, DHL, USPS Express Mail）:

SSATB 862 Route 518 Skillman, New Jersey 08558 USA

Phone （Monday-Friday 9:00 am-4:30 pm EST）: 609.683.4440

Email: info@ssat.org

Call center: 021-63306793, from 9:00-17:00, Monday to Friday

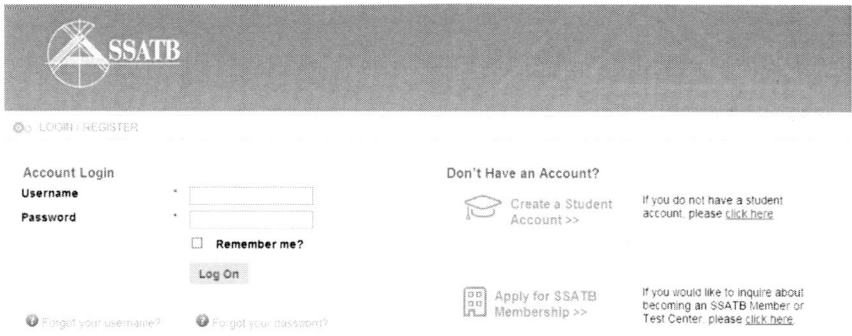

2. 登录到学生账户之后，可以选择 My Applications，点击进入：

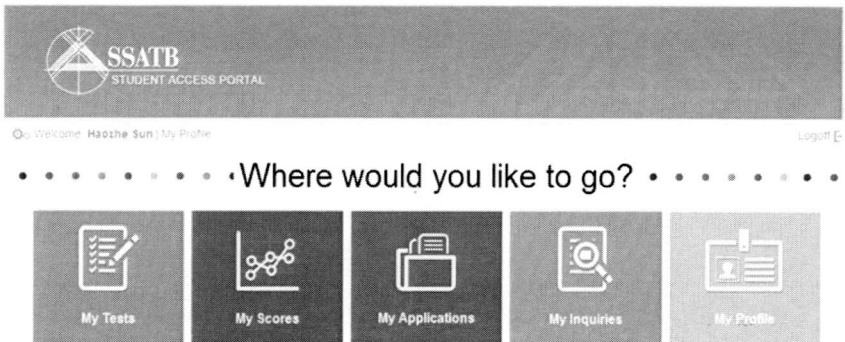

3.进入申请页面之后，根据学生选定的学校进行添加。添加之后，就可以按照要求完成文书。

SSAT 系统内容包括：

（1）基本信息部分；

（2）学生文书；

（3）家长问答；

（4）数学老师、英语老师、班主任或校长推荐信，其他老师推荐信；

（5）申请费；

（6）部分学校还有 Supplement，补充文书。

以上各个部分需要按照要求全部完成才算申请成功提交。

SSAT 问题列表：

Student Questionnaire

（1）List and describe your level of interest and participation in school activities（school, volunteer groups, athletics, music, etc.）.List any awards or honors you received in the past two years. In which activities do you plan to participate in the future？

（2）List and describe your level of interest and participation in hobbies, activities, and groups not associated with school. List any awards or honors you received in the past two years.

（3）What reading have you enjoyed most in the past year and why？

（4）Please note anything more you would like us to know about you.

（5）Please choose one of these statements and then write a 250–500 word response to it.

5a. Describe a person you admire or who has influenced you a great deal.

5b. What makes you the interesting person that you are？（Be sure to include the qualities you like best about yourself.）

5c. Explain the impact of an event or activity that has created a change in your life or in your way of thinking.

Parent Questionnaire

（1）What qualities of character and mind in your daughter or son most delight you？

（2）What do you believe your son or daughter will contribute to the school community？ Have you any concerns about your child's readiness for independent school？

（3）What has posed the biggest academic and/or extracurricular challenge for your child？

（4）Is there anything about the sequence of your child's schooling that we should know？ Did you son or daughter ever？ Was your son or daughter ever？ Please explain.

（二）GATEWAY 系统

GATEWAY 系统是另外一个非常重要的网上申请系统，申请的学校相对比较高端，申请流程比 SSAT 系统相对复杂。

网址是：https://www.gatewaytoprepschools.com/

1. 申请内容

（1）Candidate Profile（basic information about where you live, family）个人基本信息

（2）Candidate Project（formal application, essay questions, activities）文书问答，活动列表

（3）Parents Questionnaires 家长问答

（4）Teacher recommendations 老师推荐

2. 可以接受 GATEWAY 通用申请系统的学校

Select one of the 60 Gateway member schools or visit the Member Schools page for more information.

（1）The Academy at Charlemont

（2）Annie Wright Schools

（3）Berkshire School

（4）Blair Academy

（5）Brooks School

（6）Buxton School

（7）Cardigan Mountain School

（8）Cate School

（9）Chatham Hall

（10）Cheshire Academy

（11）Choate Rosemary Hall

（12）Colorado Rocky Mountain School

（13）Concord Academy

（14）Dana Hall School

（15）Deerfield Academy

（16）Dublin School

（17）Eaglebrook School

（18）Emma Willard School

（19）Episcopal High School

（20）The Ethel Walker School

（21）Fay School

（22）Fountain Valley School of Colorado

（23）Gould Academy

（24）The Governor's Academy

（25）Groton School

（26）The Gunnery

（27）High Mowing School

（28）Hopkins School

（29）The Hotchkiss School

（30）Kent School

（31）Keystone Academy,
　　　Beijing China

（32）The Loomis Chaffee School

（33）The Madeira School

（34）Middlesex School

（35）Millbrook School

（36）Milton Academy

（37）New Hampton School

（38）The Newman School

（39）Northfield Mount Hermon

（40）Oldfields School

（41）The Perkiomen School

（42）Phillips Academy Andover

（43）Pomfret School

（44）Portsmouth Abbey School

（45）The Putney School

（46）Salem Academy

（47）St. George's School（RI）

（48）St. George's School,
　　　Vancouver Canada

（49）St. Mark's School

（50）St. Paul's School

（51）St. Timothy's School

（52）Suffield Academy

（53）The Thacher School

（54）Valley Forge Military
　　　Academy

（55）Vermont Academy

（56）Walnut Hill School for the
　　　Arts

（57）Western Reserve Academy

（58）Westminster School

（59）The White Mountain
　　　School

（60）The Williston Northampton
　　　School

3. 具体操作

（1）进入系统界面：需要先注册用户名和密码。一个学生只能注册一个用户名。

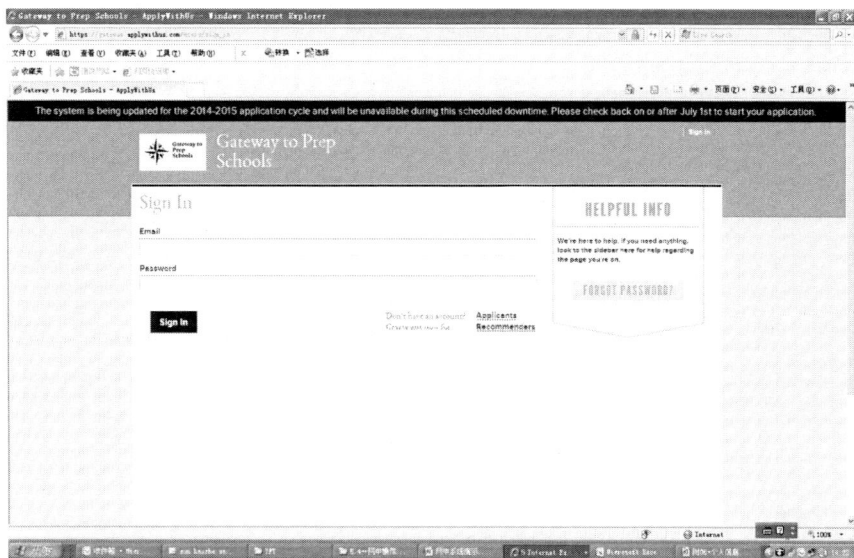

作为申请者，有申请人的登录界面。作为推荐老师，有推荐老师的登录界面。申请的时候，需要给自己注册申请用户名和密码，需要填写推荐老师的个人信息及邮箱。推荐老师会收到邮件，从邮箱登录 GATEWAY 系统，之后注册老师自己的用户名和密码，然后填写推荐表。因此，在首页会看到有申请人的界面和推荐老师的界面。

I'm applying to prep school.

Whether you are still researching, applying for the first time, or planning to transfer, the first step is to create an account.

👤 Register as an Applicant

I'm recommending someone.

If you have been asked to complete a recommendation, the first step is to create an account.

👤 Register as a Recommender

（2）在此处创建账户：

（3）之后作为申请人，可以从此处登录账户，选择学校，开始申请：

（三）学校自己的网申系统

登录学校的官网，找到 APPLICATION 页面，就会有学校详细的申请要求。然后按照要求登录学校的网申系统，完成网上申请。

二、申请时间的规划

如果时间允许，尽量按照以下的时间表进行规划；如果咨询或准备较晚，可以根据不同情况进行合理的规划。

6 月—9 月：TOEFL、TOEFL Jr.、SSAT 培训报名

10 月—12 月：参加标准化考试

11 月—2 月：邮寄申请材料

12 月—2 月：参加面试

3 月 10 日：发放录取结果

4 月 10 日：回传录取合同，缴纳押金

5 月至 6 月：办理签证

7 月—8 月：Summer School

9 月：正式入学

黄金申请时间规划表

最理想的时间规划（寄宿+走读）

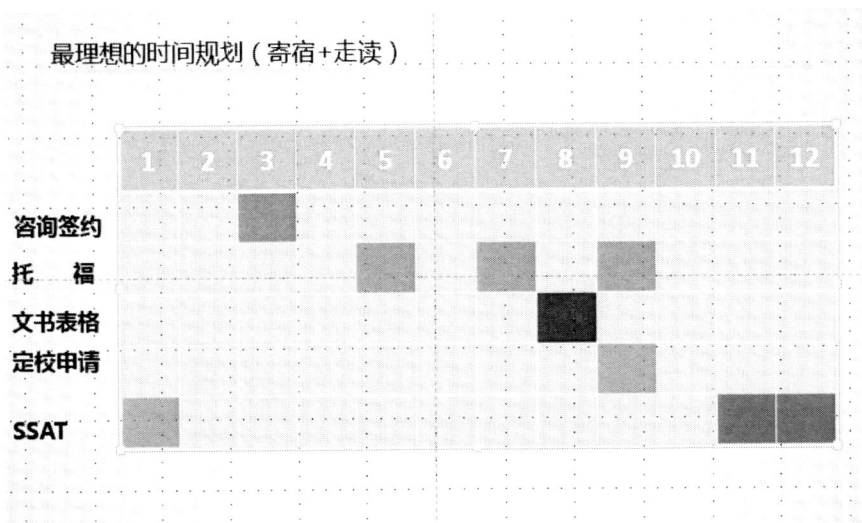

	1	2	3	4	5	6	7	8	9	10	11	12
咨询签约			■									
托　　福					■		■		■			
文书表格								■				
定校申请									■			
SSAT	■										■	■

三、与学校的沟通

1. 填写 online inquiry 和学校建立联系。

2. 发邮件沟通意向，根据学校的要求完成申请，预约面试。

3. 递交材料，并跟进材料的完整程度。

以邮件沟通为主，必要时打电话与学校沟通。

四、申请材料的邮寄

除了完成网上申请资料之外，还需要邮寄成绩单、在读证明、存款证明等必要的纸质材料。纸质材料的邮寄通常需要通过 DHL、UPS 等国际快递来完成。

由于使用 SSAT 系统申请，因而需要将老师推荐表寄给 SSAT 中心。SSAT 中心收到后再扫描上传系统，由申请者所申请的学校下载，地址如下：

STANDARD APPLICATION ONLINE

SSAT

862 Route 518

Skillman, NJ 08558 USA

但以往由于担心 SSAT 中心审理速度较慢，因而除了寄给 SSAT 中心外，还要额外寄送一套给学校，以保证学校第一时间收到。

邮寄的时候需要提供如下信息，填写到快递运单上：

Westtown School

Admissions Office

975 Westtown Road

West Chester PA 193825700

United States Of America

Tel/ Ph:（610）3997900

需要附上快递运单的图片。

五、推荐信的提交

申请美国中学需要提供推荐信作为必交资料。

其中：数学老师、英语老师、班主任 / 校长的推荐信是必须提供的。

有些学校需要提供其他科目老师的推荐信，尤其是顶尖寄宿学校，对于推荐信要求比较多。比如需要提供一封文科老师的推荐信、一封理科老师的推荐信、一封艺术老师的推荐信、一封体育课老师的推荐信、一封第二外语课老师的推荐信等。需要根据学生的特点及爱好，有针对性地提供老师的推荐信息，满足学校的推荐信要求。

推荐信的提交方式有线上和线下两种，现在一般寄宿学校都可以通过申请系统提供线上推荐信，走读学校需要通过邮寄的方式提供线下的推荐信。

走读学校还是采取比较传统的方式要求学生提供推荐信。老师在推荐信上签字，然后学生把推荐信扫描发送给走读学校的申请机构，进而递交给走读学校。走读学校一般采用数学老师、英语老师、班主任／校长三方就可以。如果学生在某个方面非常突出，那么也可以提供相应科目老师的推荐信，作为申请材料的一部分供学校参考，从而使学生的申请更具竞争力。

六、走读中学的申请流程

（一）准备统一必备的申请材料

1. 护照复印件；

2. 银行存款证明；

3. 在读证明 & 成绩单；

4. 标准化语言成绩报告（SLEP、TOEFL、TOEFL Jr、ISEE、SSAT）；

5. 出生证明（少数）；

6. 历年获奖证书（因人而异）；

7. 生活照。

同时准备以下辅助电子素材表：

个人信息表；

私立文书信息表；

推荐信信息表。

（二）参加走读中学面试

走读中学面试因机构的不同而略有不同，主要分为两类：

1. 先和机构面试，面试的时候会录下来，之后递送给学校，然后再做学校的面试。

初试的时候是关于学生本身特点的问题，不涉及关于学校具体选择的问题。针对学校的面试会涉及学生和学校的匹配度问题，需要根据具体情况做相应的面试指导及准备。

2. 完成申请资料之后递送给相应的机构，然后由机构帮助学生预约面试，学生需要和学校直接做 skype 面试。

走读中学的面试一般都以视频面试和来华面试为主。有时学校会来华面试，如果学生赶上合适的时间，可以参加招生官来华的面试。

（三）准备与策划面试文书

1. 学生的考察点

（1）美国学校关于学生社会活动的考察；

（2）关于学生其他方面的考察：

Part I — Short Answers

At Groton we want to know our applicants well. Learning about your values and life experiences will help us greatly. The following questions involve topics both lighthearted and serious. Please provide us with a few sentences to answer each question. Please do not exceed 150 words.

What do you love to do ?

Which three words would you use to describe yourself ?

Describe an activity you have found to be especially absorbing.

How have you been helpful to other people ?

What makes you laugh out loud ?

What is the most interesting thing you have learned in the past year ?

What do you like about the school you are attending now ?

What is your favorite place to be ?

Describe one of your talents and how you developed it.

For what are you grateful ?

Part II — Essays

Please respond with approximately 200 words to the single question in Part A and 300–400 words to one of the three questions in Part B.

A. What in particular do you like about Groton ?

B. Please respond to one of the following questions:

① What are the ingredients of a meaningful life ?

② True or False: "What goes around, comes around."

③ Which people, places or experiences have had the biggest impact on your character and view of the world ?

（3）学生的考察题目

第一，请详细描述一下你参加过的学校活动，如：志愿者、体育、音乐等活动。同时，请列出你近两年内所获过的奖项和荣誉，以及今后你准备参加哪些活动。

2008 年 9 月到 2010 年 7 月，我在中关村二小就读小学五、六年级期间，被选聘为学校红领巾广播站的广播员，主要工作内容是搜集科普知识、名人轶事，采访报道本班级的好人好事、发生在学校里的有趣故事等，写成广播稿，并在每天下午的广播时间对全校广播，我的稿件和播音获得了老师和同学的好评，我获得 2010 年第八届小学希望杯全国数学邀请赛三等奖。

第二，请列出你所参加的校外活动及你所参加过的一些社团活动，包括你的个人兴趣爱好等，并就可以体现自己特点和能力的活动进行详细描述。例如，在此类活动中如获得奖项，请列出近两年内所获得的奖项。

写作：一直坚持写博客，初衷是介绍自己的小升初的学习经验，后来逐步把自己对学校、对社会的一些观察和思考写了出来，希望和大家分享我的想法。这个博客赢得了一些粉丝，点击率达到了 12 万以上。

做志愿者：2012 年，与新华爱心教育基金会一行前往甘肃，探访贫困学生，协助媒体采访，了解当地教育，认识了很多朋友，增长了见识。

社团活动：在学校设法建立"英语原版书籍阅读记及英美文化交流"社团，可惜一直没有建立成功。

电脑：热爱电脑和智能手机研究。

文艺：我热爱钢琴艺术，从2004年开始师从上海音乐学院、中国音乐学院副教授杨思羚学习钢琴，至今坚持不懈，每天坚持练琴1小时，7年来没有懈怠；我于2009年参加北京钢琴音乐节，获得北京音乐家协会钢琴基础教育分会颁发的成绩良好演奏证书。由于我的主要目标是培养真正热爱钢琴的兴趣，为免受打扰，循序渐进地打好基本功，在老师的建议下，我没有参与国内的任何钢琴考级。目前我能完整弹奏贝多芬、肖邦、德彪西等音乐家的作品。为了检验自己的钢琴水平，我参加2012年的英国皇家音乐学院钢琴业余八级考试，目前已通过英国皇家音乐学院五级乐理考试。

第三，你喜欢阅读哪方面的书籍？请详细列出书目并且说出喜欢的原因。

我个人对传记和议论文情有独钟，真正带着一双干净的眼睛解读伟人是我的享受和学习过程；而去阅读人类思考后写出的精华文萃也同样感受非凡。其中《Steve Jobs》和《目送》是我的最爱。沃尔特·伊萨克森所著的《史蒂夫·乔布斯传》是一本绝世佳作，不只是因为全面的内容和鲜为人知的细节，更是由于作者对一个绝世聪明、口才惊人、能看透人类弱点，能扭转改变事实的"平常人"的人性剖析。你会发现，规则就是由乔布斯来忽视的，事实就是由他来改变的。我们无法复制那传奇般的成功，只能等待下一次神话。我爱这本书，因为它让我感受到真正让人尊敬的伟人，感受到真正有意义的生命。全书从童年至暮年，细致描写了乔布斯一生的起起伏伏，值得所有人阅读。

第四，对你影响最深刻的一个人是谁？请详细描述此人对你产生了何种影响。

对我影响最深刻的人是我最崇拜的人，即美国前国务卿赖斯。她是美国历史上在政治界地位最高的黑人妇女。她不仅精通军事、政治知识，还弹着一手好钢琴，会说流利的法语、俄语、西班牙语，是一个极具政治远见的女人。我敬佩她的勇敢。她的父亲只说了一句：若你肯付出白人8倍的努力你就能赶超白人，赖斯就践行了几十年，终于成功超越的。她追求卓越、顽强拼搏、不畏艰难的精神是常人没有的，对于一个黑人妇女来讲更是难上加难。我作为一个女孩，同年轻的赖斯一样也有渴望成功的强烈愿望。所以，我把她作为我学习的榜样，我要学习她胸怀大志，不断完善自己，坚定不移地追求自己的梦想，终成大事。我心中也有许多远大的梦想，在拼搏的路上总会遇到一些挫折坎坷，但每当想到赖斯顶着压力拼搏的经历，我便重拾希望和奋斗的力量。她是我心中的指航灯。

第五，请描述你曾经遇到过的最大的挑战或困难，并介绍你是如何克服困难、解决问题的。

（1）我经历过的最大困难，就是我刚到美国上小学的时候，除了"你好"、"谢谢"什么都不会说，没有朋友玩，在学校有什么感受或要求都说不出来，心里感到非常孤独和困难。

（2）2011年暑假，我和爸爸一起去爬华山，华山（Mount Hua）最高峰海拔2154米，是"五岳"中最高的。

第六，对你影响最深刻的一件事是什么事？请详细描述这件事对你生活或者思维方式的影响。

（1）对我影响最深的一件事是我第一次组织了学校的足球联赛。

（2）在2011年暑假里，我到内蒙古的农场做义工是对我影响深刻的事。

（3）我觉得对我影响最深的事情，就是妈妈带我到美国读了半年多的小学，我在美国确立了自己的信仰，也改变了看中国、看世界的眼光，同时对自由、民主和平等有了最初的感受和思考。

第七，希望别人了解你其他哪些方面？比如你最喜欢的音乐、体育活动等。

第八，你最喜欢你自己身上的哪些特质？请对每种特质做出详细介绍，最好能够举例说明。

第九，你为什么希望申请美国私立寄宿中学？如果学校录取你，你认为你能为学校做什么贡献？

第十，你最大的优点是什么？最大的缺点是什么？

2. 家长的考察点

（1）家长问题

What adjectives or phrases come to mind in describing your child?

Please describe what you perceive to be your child's greatest academic and social strengths.

Please note any academic and/or social weaknesses.

Describe your child's learning style and/or the environment in which he/she learns best.

Has your child ever had an educational evaluation ？ If yes, please provide a copy of the written evaluation and any supporting documentation.

（2）家长的考察题目

第一， 您认为孩子最突出的能力和特点是什么？请针对各个特点和各种能力举例说明。

有恒心和责任心：孩子做事非常有韧性，能锲而不舍、坚持下去。比如说，孩子练习钢琴，是很枯燥的行动，很多孩子都放弃了，但是，我们的孩子每天坚持练习 1 个小时，每周到老师那里学习，几乎从不间断，一直坚持了接近 8 年。

第二，您认为美国的学校为什么应该录取您的孩子，您的孩子能为美国的学校做出什么贡献？

不仅是美国学校，相信其他国家的学校，也会乐意录取这样的孩子，因为他是一个全面发展、内心渴望优秀，同时又有很强责任心的孩子。

第三，请描述您孩子的优缺点。

第四，您希望学校对您的孩子提供什么帮助？

有机会到世界各地交流，增加经验和阅历。

帮助尽快适应学校生活，找到志趣相投的同学，建立友谊。

提供丰富的课外活动。

深入美国社会，丰富生活阅历。

帮助发现学生的兴趣点和性格特征，为日后的升学作指导。

第五，您最看重美国寄宿中学教育的哪些优点？您希望您的孩子在学校得到哪些方面的培养和教育？

第六，您认为您的孩子擅长哪些科目？并指出哪些学术类的课程对于您的孩子来说学习起来有困难？

第七，请描述您孩子与家庭成员、朋友及老师的关系。

第八，您还有什么需要告诉我们的关于您孩子学习、活动、能力等方面的事情？

根据孩子自己写的内容进行补充：

关于厨艺：他会做简单的饭菜，譬如包饺子，包馄饨，包包子，煮面条，炒简单的菜等。在学校组织的野炊及夏令营的有关活动中，他都被公认为是炒菜最好的学生。他不仅把做饭看作是一种生活体验，更视为一种乐趣。

小贴士

事例很重要，有细节才能打动人，内容涵盖要广泛，要有自信并真诚，由点及面，深入思考，与众不同，脱颖而出。

第六章 录取

一、确认入读与电汇押金

学生拿到录取之后，要根据学校给出的截止日期尽快确认入读。

1.家长要与学校签订入学合同，或者和走读合作方签订入学相应合同。

2.家长要将押金汇给学校或者合作方，通常情况下采取电汇的方式。

汇款单样本如下：

汇款的时候，一定在交易附言处写上：XXX's deposit，便于学校认款。

在汇款时，学生家长要多汇 30 美元作为手续费，以保证到账金额。

家长汇款之后把底单扫描，连同合同一起发送给学校或者合作方。

3. 之后向学校或者机构催发 I-20 表格，根据 I-20 表格收到的时间来安排学生签证预约。

二、填写相关表格

　　根据录取学校或者相应机构的要求，学生填写好入学注册表、寄宿家庭的调查表、选课表、各类授权表、保险单、接机表、室友调查表等一系列的入学注册表。

第七章　签证

学生拿到录取通知书、确认入读、知道 I-20 签发的时间后，可以着手准备办理签证相关事宜。

一、办理护照

（一）需要准备的材料

1. 公民因私事出国（境）申请审批表；

2. 本人的居民身份证、户口簿或者其他户口证明；

3. 出境事由证明；

4. 本人工作单位或者户口所在地派出所出具的对申请人出国的意见；

5. 本人护照照片。

（二）护照照片的规格要求

1. 直边正面免冠彩色单人半身证件照，光面相纸，背景颜色为白色或淡蓝色。

2. 着白色服装的照片须用淡蓝色背景，着其他服装的最好使用白色背景。

3. 照片尺寸为 48mm×33mm，头部宽度为 21~24mm，头部长度为 28~33mm。

二、办理签证

（一）美国签证领区的划分

1. 北京总领馆——北京、天津、甘肃、河北、河南、湖北、湖南、内蒙古、江西、宁夏、山东、陕西、山西、青海和新疆

2. 成都总领馆——重庆、贵州、四川、西藏、云南

3. 广州总领馆——福建、广东、广西、海南

4. 上海总领馆——安徽、江苏、上海、浙江

5. 沈阳总领馆——黑龙江、吉林、辽宁

6. 香港总领馆——香港、澳门

（二）提交签证资料

1. 提交 DS-160 表格

（1）自 2010 年 3 月 1 日起，DS-160 表格取代原来的 DS-156、157 和 158 表格。

（2）全部在网上填写信息。

（3）所要求签证照片需要网上上传使用。若照片不能提交，网上系统会提示错误，请及时修改照片或重新照相。

（4）每次网上填写时间不能超过 20 分钟（如果限时内不能完成填写，请及时保存）。

（5）可以多次保存、多次填写和修改，直到满意后上传提交。

（6）提交后打印确认页——面谈时只提供确认页即可。

（7）为了保险考虑：建议打印出所有 DS-160 表格和洗印 2 张已上传的签证照片，一起携带去使馆面谈，但只作为辅助资料使用，不用在窗口提交。

2. 提交 I-20 申请表

（1）申请表必须逐项认真填写，不能空项。所填写内容如不适合自己情况，请按照网上提示选择"不适用（Not Applicable）"。

（2）申请人一定要检查自己所提供的信息，并按时保存所填写的内容，否则若未在规定时间内完成填写，会造成资料丢失。

（3）DS-160 表格数码照片并非永久性上传，若中间由于表格没有填写完成而退出，后期进入时，照片需要重新上传。

（4）所有信息必须确认无误，才能提交，并打印保留好确认页。签证面谈时，要记得携带已打印好的确认页。

I-20表格签字样本

Department of Homeland Security
U.S. Immigration and Customs Enforcement

I-20, Certificate of Eligibility for Nonimmigrant Student Status
OMB NO. 1653-0038

SEVIS ID: N0018163845

S_ _ PRIMARY NAME	GIVEN NAME Chen
_ _ NAME	PASSPORT NAME
COUNTRY OF BIRTH	COUNTRY OF CITIZENSHIP CHINA
_ _IRTH _ _ _ 001	ADMISSION NUMBER
F_ _ _SUE REASON INITIAL ATTENDANCE	LEGACY NAME

CLASS

F-1

ACADEMIC AND LANGUAGE

SCHOOL INFORMATION

	SCHOOL ADDRESS 10820 Reeves Road, Ojai, CA 93023
_ _O CONTACT UPON ARRIVAL Melissa Harris Assistant to the Directors of Admission	SCHOOL CODE AND APPROVAL DATE LOS214F00497001 06 AUGUST 2002

PROGRAM OF STUDY

EDUCATION LEVEL SECONDARY	MAJOR 1 Regular/General High School/Secondary Diploma Program 53.0101	MAJOR 2 None 00.0000
NORMAL PROGRAM LENGTH 48 Months	PROGRAM ENGLISH PROFICIENCY Required	ENGLISH PROFICIENCY NOTES Student is not proficient
PROGRAM START DATE 01 SEPTEMBER 2016	PROGRAM END DATE 01 JUNE 2020	

FINANCIALS

ESTIMATED AVERAGE COSTS FOR: 9 MONTHS		STUDENT'S FUNDING FOR: 9 MONTHS	
Tuition and Fees	$ 68,950	Personal Funds	$ 71,950
Living Expenses	$ 3,000	Funds From This School	$
Expenses of Dependents (0)	$	Funds From Another Source	$
Other	$	On-Campus Employment	$
TOTAL	$ 71,950	TOTAL	$ 71,950

REMARKS

SCHOOL ATTESTATION

I certify under penalty of perjury that all information provided above was entered be_ _ _ _ _ _ and correct. I executed this form in the United States after review and evaluation in the United States by me or other officials of t_ _ _ _ _ _, transcripts, or other records of courses taken and proof of financial responsibility, which were received at the school prior to t_ _ _ _ _ _ _ has determined that the above named student's qualifications meet all standards for admission to the school and the student wi_ _ _ _ _ _ _m of study as defined by 8 CFR 214.2(f)(6). I am a designated school official of the above named school and am authori_ _ _ _ _

X _____
SIGNATURE OF: Melissa Harris, Assistant to the _ _
of Admission

PLACE ISSUED
Ojai, CA

STUDENT ATTESTATION

I have read and agreed to comply with the terms and conditions of my _ _ _ _ _ _ _ion of stay. I certify that all information provided on this form refers specifically to me and is true and correct to the best of my know_ _ _ _ _ _ _ remain in the United States temporarily, and solely for the purpose of pursuing a full program of study at the school named abo_ _ _ _ _ _ school to release any information from my records needed by DHS pursuant to 8 CFR 214.3(g) to determine my nonimmigrant status. **Pa_ _ _ _ _ _ _ _ _, and student, must sign if student is under 18.**

X

SIGNATURE OF: Chen Xue

DATE

NAME OF PARENT OR GUARDIAN   X _____   ADDRESS (city/state or province/country)   DATE
                                  SIGNATURE

ICE Form I-20 (3/31/2018)

Page 1 of 3

（三）采集指纹

1. 左手四指

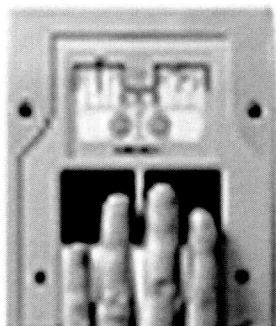

2. 右手四指

3. 两个拇指

（四）办理签证所需资料

1. 向领馆窗口提交的必须资料（按顺序排好）

（1）DS-160确认页；

（2）I-20表格；

（3）护照原件（最后一页护照持有人要签字）；

（4）SEVIS交费收据。

2. 面签时手中持有的签证辅助资料

（1）关于财力证明的资料

①父母工作收入证明及工作名片；

②银行资金证明原件；

③存单存折原件。

④财力证明补充资料：房产证、汽车证、股票、基金、工资条或工资卡、个人税单、企业税单、企业营业执照、地税国税单。

（2）关于学习能力证明的资料

①学校录取信（Admission Letter）；

②语言成绩（TOEFL\SSAT\SLEP）；

③高中/初中成绩单；

④在读证明；

⑤其他学校的录取信。

小贴士：

中学入学注册时，必须携带完整的当年高中成绩单，所以不建议在收到录取通知书之后就放弃学业。

（3）关于家庭情况的证明资料

①户口簿及父母护照；

②父母结婚证书；

③全家福照片；

④在国外著名标志性建筑前的照片。

（五）面签的原则与要求

1. 面签的原则

（1）不问不说：只回答签证官提出的问题，回答简洁、明确。不要主动回答签证官没有提到的任何问题。

（2）不要不给：只提供签证官要求的材料，不要主动提供任何签证官没有要求的材料。即使你自己带的材料都用不上，也不要主动出示。

（3）"据实"回答：这是最重要的诀窍。绝不要猜测签证官希望何种答案，只要照实回答即可。也不要交头接耳向别人求教，询问别人如何回答你的问题。

（4）个别问题要巧妙回答。

2. 面签的要求

（1）形象要求：青春、阳光、有学生气；

（2）举止与面部表情：自信、从容、大方；

（3）语音语速：平和、清晰；

（4）特殊问题的处理：机智、反应快；

（5）辅助材料的提交：材料齐备。

（六）决定签证成败的因素

1. 是否自信度；

2. 英文是否流利；

3. 临场发挥的好不；

4. 材料是否真实；

5. 资金来源是否合理；

6. 面试中的核心问题是否回答好；

7. 学生是否有能力完成学业；

8. 家庭是否有足够的经济能力；

9. 学成之后是否回国（无移民倾向）。

（七）面签的常见问题

1. Why do you want to study in the US ?

2. How many schools did you apply for ?

3. What major do you want to study and why ?

4. Why do choose this school ?

5. What did you have for breakfast ?

6. Can you tell me a great event happened recently ?

7. What do you think about the history between China and America ?

（八）签证前、中、后期的注意事项

1. 在预约面谈时间前 30 分钟到达使馆门口排队。

2. 除了携带资料外，不要携带任何其他物品（包括：手机、电子产品、液体、背包等）。

3. 按照流程图和使馆工作人员指示完成签证资料提交、指纹采集、签证面谈。

4. 顺利通过签证后，所有向使馆提交的必须资料，会被签证官退回，尤其是 I-20 原件，请务必检查此原件是否被签证官退回。若没有，请在使馆内当场要求退回！——此原件为进入美国海关必须资料，一定要取回此原件。

5. 所有辅助补充资料（学生面谈时候出示的资料），也会在面谈后被退回，学生一定查看是否全部被退回。

6. 仔细阅读签证通过后签证官给予的"护照邮寄回执"，上面有详细的护照邮寄或自行领取的方式和途径。

第八章 体检

对于要准备出国的学生来讲，5月要准备办理签证、体检、机票、保险、选课等一系列的事情，可能会让你感到忙乱。我们先介绍一下如何准备出国体检。

一、接收到学校的体检免疫表

通常来讲，每所学校根据当地卫生部门的规定，都会有自己的体检和免疫要求，都会通过邮寄或者在线发送的方式把体检信息发给学生。学生拿到体检表和免疫要求之后就可以安排体检了。

体检表免疫表样本

CALIFORNIA SCHOOL IMMUNIZATION RECORD

This record is part of the student's permanent record (cumulative folder) as defined in Section 49068 of the Education Code and shall transfer with that record. Local health departments shall have access to this record in schools, child care facilities, and family day care homes.

This record must be completed by school and child care personnel from an immunization record provided by parent or guardian. See reverse side for instructions.

Student Name _____ Sex: M ☐ F ☐ Birthdate _____ Place of Birth _____

Name of Parent or Guardian _____

Race/Ethnicity:
☐ White, not Hispanic
☐ Hispanic
☐ Black
☐ Other:

Address _____

Telephone _____ Daytime _____ Nighttime

City _____ ZIP _____

VACCINE		DATE EACH DOSE WAS GIVEN					
		1st	2nd	3rd	4th	5th	Booster
POLIO (OPV or IPV)							
DTP/DTaP/DT/Td	(Diphtheria, tetanus and [acellular] pertussis OR tetanus and diphtheria only)						
MMR (Measles, mumps, and rubella)							
HIB (Required only for child care and preschool)							
HEPATITIS B							
VARICELLA (Chickenpox)							
HEPATITIS A (Not required)							

I. DOCUMENTATION
I certify that I reviewed a record of this child's immunizations and transcribed it accurately.
Date _____
Staff Signature _____

Record Presented was:
☐ Yellow California Immunization Record
☐ Out-of-state school record
☐ Other immunization record
Specify:

II. STATUS OF REQUIREMENTS
☐ A. All Requirements are met.
Date / /
☐ B. Currently up-to-date, but more doses are due later. Needs follow-up.
Exemption was granted for:
☐ C. Medical Reasons—Permanent
☐ D. Medical Reasons—Temporary
☐ E. Personal Beliefs

III. 7th GRADE ENTRY
☐ A. All Requirements are met.
Name _____ Date _____
☐ B. Currently up-to-date, but more doses are due later. Needs follow-up.

TB SKIN TESTS	Type*	Date given	Date read	mm indur	Impression	CHEST X-RAY (Necessary if skin test positive)
	☐ PPD-Mantoux ☐ Other				☐ Pos ☐ Neg	Film date: ____ Impression: ☐ normal ☐ abnormal
	☐ PPD-Mantoux ☐ Other				☐ Pos ☐ Neg	Person is free of communicable tuberculosis: ☐ yes ☐ no

* If required for school entry, must be Mantoux unless exception granted by local health department.

STATE OF CALIFORNIA—DEPARTMENT OF HEALTH SERVICES
IMMUNIZATION BRANCH

行知美高申请

二、到当地专门机构进行体检

　　拿到体检免疫表之后，学生根据自己的时间安排，需要到当地专门的出国体检免疫机构进行体检。一般的省会城市都有出入境检验检疫局体检中心，可根据自己所在地区进行查询。我们以北京为例做以下说明。

　　流程如下：

1. 登录北京出入境检验检疫局官网，网址如下：

http://www.bjciq.gov.cn/

要至少提前两个工作日进行预约工作。

▍ **在线办理**

- 出入境人员体检预约
- 出口企业质量管理综合评价系统
- 报检单位、报检员注册管理系统
- 出口食品生产企业备案系统
- 出入境口岸卫生检疫电子监管...
- 航空器电子申报系统

2. 在网站右侧找到"在线办理"板块，点击"出入境人员体检预约"。

预约流程

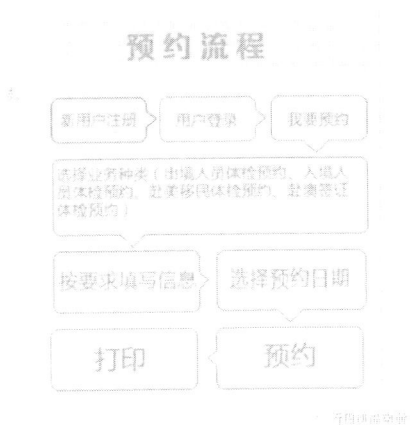

小贴士：

在选择"拟办理项目"时，请选择如下三项：出国体检、出国预防接种、疫苗本翻译。

3. 进入到预约页面，按照如下流程填写表格，完成在线的预约。

拟办理项目

出国体检　　出国预防接种　　疫苗本翻译

预约成功！请仔细阅读以下

预约成功！请仔细阅读以下

《体检知情同意书》

根据《中华人民共和国国境卫生检疫法》及其实施细则，您在本中心接受传染病监测体检的项目包括：临床检查（含一般健康检查、放射科、心电图、超声等）、血液检查（含乙肝五项、丙型肝炎抗体、人免疫缺陷病毒抗体、梅毒螺旋抗体特异抗体、血常规、血型、血生化等）、尿常规。

出于保护个人隐私，《国际旅行健康检查证明书》中乙肝表面抗原结果是用"＊＊＊"标识的，如您需要显示此项结果在证书上，请您一定提前告知登记工作人员。

预约成功后，请务必打印《出境人员信息表》，以备现场签到时使用。

请于约定日期上午8:00至10:30到达本中心，逾期请重新预约。

4. 预约完成之后，邮箱会收到预约的确认邮件，然后按照要求做好准备，带好相关资料，按时前往体检中心进行体检和免疫。

5. 体检注意事项及需要携带的资料：

办理时间：约定日期上午 8:00—10:30。

办理地点：北京市海淀区马甸东路 17 号 金澳国际写字楼 23 层。

携带资料：

（1）预约成功后打印出境人员信息表。

（2）本人有效身份证或护照原件（需与网络预约登记时的证件一致）。

（3）4 张小 2 寸彩色免冠证件照（4.8×3.3cm）（请预先剪裁好）。

（4）若有以下表格或文件须同时携带：国外学校或者国外单位提供的与体检和疫苗相关的外文表（无须翻译）。

对方国家提供的与体检和疫苗相关的表格（无须翻译）。

（5）需要接种疫苗或翻译预防接种证明者，须携带：既往疫苗接种记录原件及复印件（小绿本）。

已持有《疫苗接种或预防措施国际证书》（小黄本）者请携带原件。

若有姓名更改记录，请携带户口簿原件。

6. 体检完成之后，正常情况 4 个工作日领取体检结果。如需办理加急，请出示 4 个工作日内的离境机票或电子行程单。

7. 体检完成之后你会得到如下资料：

（1）签字盖章的学校体检免疫表；

（2）国际旅行健康检查证明书；

（3）疫苗接种或预防措施国际证书（小红本和小黄本）。

8. 关于疫苗的补打：根据各州的要求，很多同学需要补打几针疫苗。有的需要中间间隔几周或者一个月。所以建议同学们早点准备体检，在赴美之前能够完成疫苗补打的工作。

9. 关于 TB 测试：几乎所有的学校都要求同学们提供 TB 的测试报告。有的会明确要求是入学前 10 天或者一周内做的，根据实际情况去做安排就好。

第九章　行前准备

一、填写健康表格

（一）形式
学校在 4-5 月会向学生发送电子版或者邮寄纸质体检表格；
Magnus Health Portal。

（二）内容
体检表 + 免疫表；
Health History Questionnaire；
Medical Treatment Authorization。

（三）如何完成
当地学生：要到指定地点完成出入境体检；
外地学生：查询国际旅行健康中心联系方式，并在该健康中心的指导下完成出入境体检。

（四）健康表格注意事项

TB Skin Test 要求；

Flu Vaccine 要求（注意过敏提示）；

携带以往免疫小本；

尽快做体检和免疫，有的疫苗需要间隔 1~2 个月注射第二、三针；

Health History Questionnaire 信息确认（例如过敏、疾病史）；

在中国和美国的紧急联系人；

将表格扫描后发送给学校（注意截止日期）。

二、购买国际学生保险

（一）购买方式

学校统一购买（入学合同、账单中会列出费用）；

学校推荐保险网站（家长可以在线购买，信用卡付款）ISM。

（二）保险价格

一般在 1000~2000 美元不等；

在线购买保险时，按不同计划类型定价，Gold/Silver/Bronze Plan。

ISM——常用保险购买网站：www.isminc.com

三、办理入学注册

（一）信息类

家庭联系信息（邮箱更新）；

紧急联系人、监护人信息。

（二）家长授权类

离校授权；

乘坐交通工具授权；

夜晚外出、住宿授权；

紧急救治授权；

肖像授权；

信息公布授权。

（三）问卷类

住宿问卷调查；

选课问卷（在线选课）调查。

（四）选课注意事项

（1）截止日期；

（2）Placement Test（自行完成、需要监考，Math/English/二外）；

（3）导师选课建议（可提出异议 Petition）；

（4）选课要求：Pre-requisite；

（5）必修课、选修课、课外活动、体育运动；

（6）额外收费课程（Private Art Course、马术、高尔夫等）。

（五）学生在校账户

（1）家长电汇资金；

（2）设定 Weekly Spending Limit；

（3）学生在校支取现金校内消费；

（4）临时提高额度。

（六）其他信息

（1）Laundry（一般是收费的）；

（2）Laptop（个别学校要求入学购买；iPad Program）；

（3）Parking；

（4）Non-smoking；

（5）Honor Code；

（6）Dress Code；

（7）"Things to Bring" & "Things not to Bring"；

（8）School Calendar（长短假安排）。

（七）最终成绩单

中国学校开出完整的在读期间成绩单，邮寄至美国学校。

四、确认寄宿家庭

学生在入读走读学校之前，会收到寄宿家庭的信息列表。寄宿家庭的信息列表中会有详细的信息和联系方式，学生及家长可以和寄宿家庭邮件联系，介绍自己的情况，互相了解。赴美之前可以给寄宿家庭准备些有中国特色的小礼物。

五、预订机票

签证过后要和学校确认好接机事宜，确认好接机时间。学生要按照学校或者机构要求的时间预定好机票，然后告知学校及合作方，以确保能够按时接机。

一定要按照学校或者机构制定的时间或者时间段预订机票，不可自己随意确定机票。如果打算早到美国，提前适应，那么需要家长陪同或者先入住亲戚朋友家，因为宿舍和寄宿家庭不会太早开放。

到达美国的时间最好不要太晚，最好能够在晚上 10：00 之前，要不然接机很不方便。如果真的订不到合适的机票，要提前告知学校或者走读机构，确认有人接机再出票。

六、携带出入境资料

1.护照。

2.I-20 表格及录取信原件（交换生为 DS2019 和接收函）。

3.托福 /SSAT/SLEP/TOEFL JUNIOR 成绩单（如有则带原件）。

4.初、高中成绩单及毕业证书（原件，如无初中毕业证可不携带）。

5.出入境体检报告：

（1）体检前请先预约时间、确认所需费用和体检前注意事项；

（2）如学校录取资料中附带有免疫或体检表格，体检时请提供给体检医生、确认学校要求注射的疫苗。

6.其他资料请参考各学校录取资料中所附注的说明。

以上资料放在手提行李中，一定不要托运，以免丢失。

第十章 暑期课程——以 Tabor Academy 的暑期课程为例

一、重要作用

美国中学暑期课程（Summor School）是美国中学在暑期期间向中学在读学生及小学毕业学生提供的短期课程。该课程通常安排学生在美国中学进行为期 3–6 周的学习。在此期间，学生将有机会学习一些语言课程，或参与自己感兴趣的项目，在提高自身英语水平的同时了解美国中学学习风格和政治、经济、文化。

参加美国顶尖中学的暑期课程，既有机会提前进入美国中学学习，又有机会向心目中的学校展示自身的学习能力及相关特长。因为在那里学生收获的不仅仅是开阔视野、提高英语综合能力，更重要的是为今后申请美国中学乃至大学名校，甚至是未来的就业增加了重量级的砝码。它能证明你能够圆满完成顶尖名校的学习，具备在美国中学习的潜质。

二、情况介绍

（一）适合人群

根据英文水平可选择不同课程：ESL，literature.

根据个人爱好可选择不同项目：Music, Biology, Art······

学习与活动并重：上午上课，下午参加活动。

周末有短期旅游，了解美国风土人情。

（二）暑期活动

全日制寄宿生可以选择的活动包括：艺术、棒球、篮球、黏土制作、手工、戏剧、陆上曲棍球。

（三）暑期课程

ESL（English as a Second Language）英语学习课程（针对国际生）。

（1）英语2（针对4–6年级学生）：此课程适合想提高英语听说读写的学生，让学生更好地掌握英语。

（2）英语3（针对6–10年级学生）。此课程适合想入读美国私立高中的学生，内容包含托福预备课程，如阅读、写作和语法。

（四）项目时间

8天课程

时段1:6月29日—7月7日

时段2:7月20日—7月28日

3周课程

时段1:6月29日—7月19日

时段 2: 7 月 20 日—8 月 9 日

6 周课程

6 月 29 日—8 月 9 日

（五）项目费用

8 天课程——$1800

3 周课程——$4800

6 周课程——$8800

（六）住宿情况

学生住在学校宿舍，一般是单人间或双人间。每个宿舍大概能容纳 10~20 名学生，同时学校会安排至少 2 位老师陪同学生住宿。

（七）学校介绍

泰博学院（Tabor Summer School）位于美国东北部的马萨诸塞州，坐落在美丽的海湾附近。该校的暑期项目已经有99年的历史，最初设立于 1917 年，招收 6~17 岁的学生。项目期间，专业的顾问、教练和老师共同指导学生，鼓励学生不论在课堂上还是在活动和运动上，都要更好地发挥出自己的潜能。

泰博学校所在地——Marion 小镇，靠近大西洋的巴泽兹海湾的 Sippican Harbor，风景非常迷人。Marion 小镇拥有美国新英格兰地区的显著特点，小镇上的建筑都是那个时期的建筑风格。巴泽滋海湾是非常知名的海湾，它的气候特色非常适合于船只的航行，每年夏天该海湾都会聚集各种各样的船只，非常热闹。这里气候宜人，是著名的避暑胜地，每年都会吸引很多游艇俱乐部前往。

学校网站：http://www.taboracademy.org/

暑期项目网站：http://taborsummer.org/

第十一章　校园走访

第一站——Wellesley 小镇

我在 2014 年冬天来过一次波士顿，当时拜访了哈佛大学和 MIT，走过自由之路，游览了查尔斯河。波士顿留给我的印象非常好：自然环境优美，人文气质出众，生活环境安全，人们相处友善；既有学术气氛，也有一丝不苟的生活态度；拥有不同建造史的学校，堪称西部教育之都。

时过两年，这次再来波士顿，任务是仔细了解周边的私立中学，也加深对这座城市的认知。这次应朋友邀请，我住在了波士顿的小镇 Wellesley。这是一座面积为 27.2 平方千米的小镇，大概有 28000 名居民，华人比例在 10% 左右。小镇是著名大学 Wellesley College 和知名寄宿中学 Dana Hall School 的所在地。镇上有 8 所公立小学、1 所公立中学 Wellesley High School、1 所公立初中

Wellesley Middle School。其中 Wellesley High School 被 USNEWS 评选为全美 TOP70 的公立中学。

Wellesley 位于波士顿的西部，东临 Newtown，北临 Weston，西边是 Natrick。距离罗根机场大概 30 分钟车程。这座小镇的平均受教育程度是硕士，是一个知识分子聚居的地方，也是麻省公认的高收入地区。也许这就是 Wellesley 居民感到优越感的原因吧。

除了优秀的教育体系外，Wellesley 另外一个特点就是发达的公共交通系统。从 Wellesley 可以乘坐 Bus 或者 Train 到波士顿市中心，交通非常方便。Dana Hall 的学生告诉我们：周末的时候，同学们可以向学校申请结伴去波士顿市中心逛逛。

小镇的公共图书馆在 Town Hall 的对面，当地居民可以在这里阅读，或者借阅图书、电子音像、杂志等。图书馆里，小到刚刚蹒跚学步的儿童，大到七旬老人，他们都在这里安静地阅读，像海绵一样不断地吸收新的知识，不断地丰富自己。

Wellesley 是一座倡导绿色能源和保护环境的城市。在图书馆里里，我们看到既有很多廉价的二手图书供大家购买，也有时尚的小店销售二手服装、鞋帽、饰品等。总的来说，低调的富裕、对知识的渴求以及对环境的敬畏，给这座小镇带来了别样的魅力。

　　周末的早上，我们看到了络绎不绝的跑步者、骑行者、公益洗车的孩子们、咖啡厅里读报纸的老人们、公园里玩耍的小孩、棒球场的小学生、运动场上 PK 的足球队……生活是那样的简单而丰富，这样的环境确实是学者们的圣地。

第二站——St. Mark's School

　　时　间：2016 年 9 月 19 日 星期一 上午
　　关键词：建筑 贵族 community 设施

　　今天是赴美正式走访的第一天。伴着淅淅沥沥的小雨驱车半小时，我们来到了 St. Mark's School。学校位于波士顿 Southborough，它是一座宁静的小镇，距离波士顿市区一个小时左右的车程，地理位置非常好。

　　来到学校，首先映入眼帘的是一体化、贵族气十足的学校建筑群。这种建筑非常古朴，好像走进一座小城堡，红砖掩映着校园浓厚的历史感。

　　进入主楼，右转就能看到 Admission Office。招生办公室温馨极了，有热情的 receptionist 接待我们。壁炉给这里带来了家一般

与招生主任 Anne Behnke 合影

的感觉，相信冬天走进来会特别舒适。一层是等待区，二层是老师的办公区。非常幸运的是，今天招生主任 Anne Behnke 女士可以亲自带我们走访校园。

我们首先来到的是餐厅，餐厅很温馨，有点哈利波特的风格。Ms. Behnke 老师告诉我们：每周一和周三，学校老师会和学生们一起就餐。周一的时候大家自由就座，周三的时候，每个餐桌有两位老师就座，建立一种师生亲密的关系。这里的老师95%都住在校园，学生们和老师们有方便的沟通渠道。

　　从餐厅出来，我们来到了学校的小教堂，教堂给人一种肃穆的感觉。Ms. Behnke 老师告诉我们，St. Mark's School 有个传统：每周三和周五，同学们会到教堂来唱歌、分享心得，这是同学们彼此认识、交流的一种方式。如果同学们不喜欢或是不习惯这种活动，也完全可以不参加。不过，每名学生在四年的高中生活当中，要有 2 个学期选择宗教课。他们从宗教课的学习上也体会到了很多的快乐。因为接触到部分学生对宗教课有担忧，所以我特意询问中国孩子对宗教课的适应度及表现。老师告诉我：中国学生做得非常好，他们很喜欢。教堂的座位有固定的安排，老师、高年级、低年级学生按次序围坐，给大家带来了家一般的感觉。

　　图书馆分上下两层，上层是安静区，学生们在这里自习。St. Mark 要求同学们每天下午 7：30-9：30 必须到这里自习，有老师会在这里辅导。同学们也在这里见自己的 counselor，做学业指导。每位 counselor 带领 4~5 名学生。图书馆下面一层是图书借阅区，4 岁的 Henry 是一条可爱的 library dog，静静地待在图书馆里，陪着认真阅读的孩子们，看起来非常和谐。

　　在学校的走廊区域，我们看到有一些刻有不同国家中学名字的牌子挂在墙上，其中包括中国的北师大附属实验中学。Ms. Behnke 说，学校提供 exchange program，同学们可以选择到这些国家的中学参加 6~8 周的交换学习，增进对不同国家文化的了解。在感恩节的时候，他们也会安排学生到纽约地区游览来丰富课余生活。

　　学校的 STEM Building 是最新翻修的，里面充满了现代化风格。首先映入眼帘的是一间 3D 打印教室。同学们在这里设计自己喜欢的作品。我们看到了学生制作的机器人，这是学校机器人 team 做的。

St. Mark 有非常强的机器人团队，他们每年都会到 New Hampshire 参加美国中学生机器人大赛，并且取得了非常不错的成绩。

走进 Art Building，我们看到了一个设备非常专业的剧场：学校的乐队、管乐团会在这里表演。还有一个非常专业的舞台剧剧场，供学生们表演话剧和舞台剧。这里的设备配置甚至超过了很多大学。学校重新翻新的画室明年可以投入使用，供学生展出作品。我们看到学校的走廊里学生们作品都非常棒，每一件都是原创。

学校有很好的室内壁球馆，壁球是大家非常喜欢的一种运动，在新英格兰地区很受欢迎。学校的 Gym 供同学们使用，有老师会对学生进行训练指导。校外有棒球、网球、足球场地，学校设有 27 支运动队，体育运动非常丰富。

随后，Ms. Behnke 邀请我们回到招生官办公室。我也对自己比较疑惑的问题向 Ms. Behnke 做了询问，我想这也是大家比较关心的问题：

1. 关于招生年级，学校只考虑 9、10 年级的申请，不接受 11 年级，即使是美国转学生也不接受。因为学生在其他学校学习的课程难度很难达到 St. Mark 的要求。

2. 学校不提供 AP 课程，因为学校的 Honor 课程已经达到了一定的难度，同学们选择 Honor 课程就可以参加 AP 考试。

3. 关于国际学生面临的挑战：英语和第二外语。Ms. Behnke 告诉我，中国学生普遍很努力，他们的学术水平在 St. Mark 是非常好的。

4. 申请的要求：托福最低要求为 100 分，要看 Vericant，不看 Vericant 分数，会仔细看视频，听学生在视频中讲的内容，然后决定是否要做进一步的面试。接受国际学生做 skype 面试。

5. 需要做家长的面试，看重家长对学校理念的认可和支持。

6. 上一届有 200 名来自中国大陆的申请者，最终录取了 7 名学生。

校园走访结束，我对这所学校印象非常好，印象最深刻的是学校家庭般的氛围。Ms. Behnke 几乎认识所有的同学，所有的老师都非常 nice，这是一所很温暖的学校。对于我们中国留学生来说，这种氛围让孩子们远离思乡之情，快速地融入新的环境，这是非常难得的。在这四年的学习生活当中，同学们可以建立深厚的友谊，这对他们一生都是极大的财富。

第三站——Berkshire School

时　间：2016 年 9 月 19 日 星期一 下午
关键词：乡村风 校园大 设施好 严谨

从 St. Mark's School 出来，我们前往位于麻省西部的学校 Berkshire School，距离波士顿大概要两个半小时的车程。之前我和 Berkshire 的老师一直有接触，印象中这是一所治学非常严谨的学校。我对这所学校非常感兴趣，今天将亲眼看见她的魅力所在。

从紧邻市区的 St. Mark 出来，一直向西，一路上美丽的美国乡村风景美不胜收。只是距离非常远，近处又没有大型酒店可以住，如果是冬天面试走访的话，一定要准备充裕的时间。穿过 Berkshire 小镇，再穿过一片森林，就到了学校。学校依山而建，校园和自然融为一体。每年学校都有 Mountain Day，学生们去参加山地探索、骑行等活动。

我们先来到招生办公室，今天真的很幸运，同样遇到了招生主任 Andrew Bogardus。在等待学生 Green Key Society Member、Tour Guide 的时候，我们和 Mr. Bogardus 聊起来。他觉得作为顾问，能真正到美国，看看学校，实地考察是非常不错的选择，这样才能给中国家长正确的引导。他对他们的多元文化社区感到非常骄傲。学生来自 33 个国家，他们会严格控制每个国家录取的学生数量，保证不同国家国际学生比例的均衡。谈话间，我们见到了可爱的学生 Tour Guide、Junior、Charlotte Childs。跟随 Charlotte，我们开始走访校园。

学校创建于 1907 年，109 年的历史在学校的建筑上体现不出来，因为都是定期翻新。学校建筑非常的宽敞明亮，屋顶很高，感觉每栋教学楼空间都很大。1951—1969 年，学校一直是男校，从 1961 年开始变成合校。现在学校依旧保持着非常传统的绅士教育，学生们看起来低调内敛。我们看到校园的男孩子都穿着西装，打着领带，对我们微笑。Charlotte 告诉我们，对于男生的着装，学校有明确的要求。

在 Science 楼里，我们看到了 3D 打印教室、学生们创作的地方，设备非常先进。走进学校的剧场，同学们在老师的指导下正在排练话剧，剧场非常大，能容纳所有学生。走进 Art Building，我们参观了 The Warren Family Gallery，这里可以举办学生画展及知名艺术家画展。目前我们看到的是学生作品，非常有创造力的美术作品，很吸引人。Berkshire 的艺术项目很强，同学们能够选择美术、电脑 3D 设计、表演、音乐等。在学校的音乐教室里有私教指导，学生可以选择喜欢的音乐类型。

从艺术楼出来，我们来到篮球场。这是一个非常专业的室内篮球场。谈到体育，Berkshire 非常强的就是 Ice Hockey。我们的 Tour Guide 也是学校冰球队的队员之一。学校有非常好的室内冰球训练场馆供学生使用。它们的冰球队在新英格兰地区非常有名，它们甚至还有冰壶运动，是冰上运动、滑雪运动非常丰富的学校。学校的足球队也非常强：有 26 支运动队，整体水平比麻省都高。学校周边还有很好的高尔夫球场，对高尔夫感兴趣的同学们可以重点考虑。学校占地 400 英亩，体育场馆、户外球场可以说应有尽有。学校还提供航空飞行指导课，学生可以尝试开飞机，这是非常独特的项目。

学校的餐厅悬挂着不同国家的国旗，学校很看重多元文化。学校大约有 30% 的学生走读，其余部分学生寄宿在学校。

图书馆藏书非常丰富，大家可以到这里自习，也可以在 400 英亩的校园里，自行找到自己喜欢待着的地方学习。活动、生活在这里是非常丰富多彩的。Charlotte 还带我们走进女生宿舍。宿舍非常的整洁干净，两人一个房间，虽然不大却很温馨。每周要有卫生检查。

Berkshire 是一所很特别的学校，自然环境带给她极大的优势，课外活动的丰富程度超过了很多其他学校。学术研究也非常的强，毕业生去向很好，90% 的学生拿到了知名大学的录取通知书。当然该校招生也比较严谨：

1. 对于中国学生招生计划，他们还是会保持 10 名学生的比例，保证多样化。2016 年 9 年级招生名额为 2 名。

2. 学校对中国学生的期待是数学好，能够给学校数学队带来很好的支持。

3. 2015 年录取学生托福平均成绩为 109 分，申请难度还是比较高的。

4. 学校不与 Vericant 合作，自行安排面试，需要在了解学生的基础上选择性面试，希望录取到真正彼此适合的学生。

第四站——Cambridge School of Weston MA

时　间：2016 年 9 月 20 日　星期二　上午

关键词：个性化培养　艺术课丰富　课外活动丰富　靠近市区　生活便利

Cambridge School of Weston MA（CSW）位于波士顿的 Weston 小镇，距离波士顿市区大概 40 分钟车程，交通很便利。学校依山而建，和周边的自然环境很好地融为一体，生怕破坏周边和谐的自然环境。走进校园有一种很舒适、很放松的感觉。

招生办公室在一座类似树屋的小房子里面，我们的 Tour Guide Kitty 已经早早地在等我们。她是一名来自俄罗斯的 11 年级国际学生，她觉得 CSW 是一所非常特别的学校，就算在假期她也很想回到

学校，因为这里的环境很温馨舒适，老师和蔼可亲。

我们首先来到了主教学楼。Kitty 给我们讲了 CSW 的课程体系，叫 MOD Schedule。他们的课程设置是把一个学年的课程划分成 7 个模块，每个模块是一个月左右的时间。那么在这段时间内，他们会集中注意力钻研这个模块的相关知识。这是一种能够让学生把自己的经历很好地集中在某个学科方向上的有效的学习方式，很受大家欢迎。学校也有 AP 课，学生可以参加 AP 考试。MOD Schedule 创建于 1973 年，CSW 一直沿用至今。该体系有 300 多门课程供同学们选择，这个课程体系使学校感到非常骄傲。学生大概每 5 周学习一门课程，进行专注的研究，学习完成之后再去选择其他学科。这是一种更加丰富的、深入的学习方式，学生们不仅可以接触到更多学科，而且可以帮助学生建立良好的自我学习意识。学校还有交叉学科课程，我们观摩了一门 Food and Culture，把事物和诗歌结合起来，非常特色，其中一名同学就做了一首关于比萨的诗歌，很有创意。这样的交叉学科学习是由两个学科的

老师一起来上课，保证两个学科知识的学习及相互渗透。

从主教学楼出来，我们来到了 Green Building。这栋楼从外面看是木质结构，是学校的标志性建筑。之所以是 Green Building，建筑设计之初考虑修建一栋和自然完美结合的楼，使用环保建筑材料，设计最好的彩光视角，节约利用建筑能源、材料。走进这栋教学楼，我们就看到有一颗绿植，有小型的盆景、流水，感觉非常清凉，整个人都神清气爽了。我们走进一间教室，同学们正在上生物课，进行各个小组的项目讨论，非常投入。

接下来我们进入到艺术展厅，这里不定期举办艺术展览，并且会展出同学们的作品。CSW 是一所视觉艺术很强的学校，学校的全职艺术教师有 7 位，学校在艺术方向有 70 多门课程可以选择。艺术课程涉及：美术、雕塑、陶艺、3D 设计、电影制作、绘画、摄影、珠宝设计、木雕、电影史、湿地景观设计等，门类非常齐全。每名学生 3 年需要选修 3~4 门艺术课，学校会提供不同难度层次的课程。CSW 艺术方面的师资、设备都非常好，是其他学校无法媲美的。

CSW 走读学生 240 名，寄宿学生 95 名。我们参观的女生宿舍很现代化，一层是活动区，二层是宿舍。第一年入学的同学们需要住双人间，有室友陪伴，有人交流是一个很好的学习经历。第二年开始，同学们可以选择单人间。宿舍整洁干净，非常温馨。这栋女生宿舍楼住了 24 名女生，他们共同制作了一件小艺术品贴在门口，感受到大家彼此和睦的关系。宿舍一层有一个很大的厨房，这是我们在其他学校很少见到的，同学们可以自己在这里做饭，周末也可以邀请朋友过来一起吃饭。宿舍有监管老师住在这里，大家有什么问题都可以找老师帮忙解决，是一个温暖的小社区。

　　随后我们参观了剧场和体育场。体育场馆非常好，学校的体育也是强项，有网球、排球、壁球、篮球、足球、舞蹈的场地。

　　回到招生办公室，我们和招生副主任 David Mountcastle 进行了比较深入的交流——对于中国学生的申请要求：

　　1. 学校要求最低的托福分数是 90 分。

　　2. 需要和第三方机构 Initial View 进行面试。

　　3. 学校比较重视艺术教育，艺术学习的氛围也比较浓郁，所以建议艺术比较强的孩子申请。

　　4. 学校需要学生有一个在美国的成年人做监护人。

　　5. David 还提到，CSW 并不是根据托福成绩来选择学生，而是要找到真正适合自己的学生，即便托福 110 的学生他们觉得不适合也是同样会拒绝的。

　　CSW 最大的特点就是学校鼓励学生做最好的自己，希望经过学校的教育，学生在毕业时呈现出来自己最好的状态。他们不希望学生因为外在条件的干扰而去改变自己。这也是学校一直坚持的理念。他们也希望能够找到真正认同这种理念的学生和家庭加入到 CSW。

第五站——Middlesex School MA

时　间：2016 年 9 月 20 日　星期二　下午
关键词：硬件设施好　大学型建筑　学术强

Middlesex School MA 距离波士顿市区大概半小时车程。走进校园，感觉自己仿佛走进了一所大学，映入眼帘的是：红砖房，尖顶教堂，穿着整齐、彬彬有礼的学生。

招生办公室位于校园中心的主楼里面，里面的墙壁上镶满了历届毕业生制作的木雕作品，给人一种非常厚重的历史感。在招生办公室等待区，我们看到很多孩子们在这里读书、自习。这里非常安静，有非常浓郁的读书氛围。我们的 Tour Guide 是一位来自麻省本州的女孩子，她今年读 12 年级，她是从麻省的一所公立学校转学到 Middlesex 的。对比公立学校和私立学校，她个人觉得就读于私立学校最大的益处在于小班授课，老师的关注度更高。她觉得自己能够在一所私校特别幸运，因为老师能有更多时间来指导她，尤其是在她准备大学申请这件事情上，她不会感觉压力特别大，因为这里的老师会非常认真地帮助她、指导她，而且老师非常负责，非常努力。

与招生副主任Erika Prahl合影

我们看到学生的课堂，最多不超过 15 名学生上课，这里保持着小班授课的传统。走出主教学楼，我们看到校园内在建的工程。Tour Guide 告诉我们，这是他们新建的剧院，设施非常好，即将取代他们现在使用的小剧院。

Middlesex 的运动设施也非常好，尤其是壁球馆、篮球场、健身房，健身中心有洗衣房，运动结束之后，可以直接把衣服放在洗衣房，第二天就可以拿到干净的衣服，非常方便。

学生入学第一年是住两人间，第二年之后可以选择住单人间。宿舍简单明亮，一张床、一个书桌，是一个很好的学习空间。学校餐厅有种类丰富、风味不同的食物供大家选择。学校的教堂非常的安静，是举办全校重要活动的场所。Middlesex 并没有宗教课程，教堂是大家互相分享交流的地方。图书馆分两层，上层是大家上

自习的地方，很安静；下层是大家借阅图书的地方。

  Middlesex 校园安静，学术风浓郁，走在校园随处可见捧着书本阅读的学生，还有在树下和导师一起探讨课业的学生，学生可以在喜欢的、觉得舒适的地方学习。Tour Guide 是一个非常干练的姑娘，很快就给我们讲解完了学校的重要建筑。

  我们回到招生办公室，和招生副主任 Erika E. Prahl 进行了交流：

  1. Middlesex 2017 年对中国大陆学生要求最低托福分数是 100分，达到要求之后安排面试。

  2. 学校计划在 11 月 7 日前后到中国来举办见面会，到时对Middlesex 感兴趣的学生都可以来参加。

Middlesex 是一所学术非常强的学校，对学生的自主学习能力要求很高。如果在自我管理方面不强，或者很难适应学校高强度的学习的学生，建议再好好考虑。Ms. Prahl 鼓励孩子们要找到自己真正喜欢的学校。

第六站——Deerfield Academy MA

时　间：2016 年 9 月 21 日　星期三　上午
关键词：历史悠久　贵族化　追求学术卓越　严谨自律　自我激励

位于麻省东边的 Deerfield Academy MA 是全美非常知名的一所寄宿中学，一直以来都位列顶尖寄宿中学行列。今天我们来到 Deerfield Academy 走访，希望能够更加细致地了解这所古老、有韵味的学校。学校坐落在美丽安静的 Deerfield 小镇，这是一座古色古香的小镇。走进校园，可以让处于浮躁世界中的人瞬间沉静下来。宁静、厚重、充满了历史感，是走进 Deerfield Academy 的第一感觉。在我们寻找招生办公室的时候，一位 IT 部门的老师看我们找不到，特意走过来要求亲自把我们领过去，真是一位非常友好热情的老师。

照例我们还是先来到了招生办公室，这里同样是古色古香，木制的书架、壁炉、圆桌及几任校长画像，顿时让人感觉到这所学校的独特魅力。今天来参观的除我们之外，还有一家澳大利亚家庭，孩子们已经过来参加过面试。学校下课铃响起，进来了三位学生。他们是我们的 Tour Guide，其中，Scott 是 12 年级的学生；

另外一个女生是刚入学 9 年级的香港学生，她出生在英国，父母是欧洲人，工作在香港，具有非常国际化的家庭背景；还有一位也是刚入学 9 年级的上海男孩，出生在香港，之前在上海的国际学校读书。这两名新生刚刚入学不久，但非常喜欢 Deerfield Academy 的环境，也觉得能够进入 Deerfield Academy 非常幸运。这次特意是和学长来学习如何做 Tour Guide，他们也为此做了很多的准备工作，非常认真。

整个校园走访结束，我总结了 Deerfield Academy 的几大特点：

1. 古老与创新并存：从外观建筑来看，Deerfield Academy 保持了一种古色古香的感觉，和其 200 多年的历史做了很好的呼应。然而学校却是一所充满内在活力的学校，学校的课程设置、场馆、课外活动都体现了创新。我们看到学校展出的天文学作业，非常有新意；我们看到了 Science 教室一流的设备；我们看到古老的圆桌教学法仍在沿用；我们看到导师一对一地指导学生……学校外

在的古老和内在的创新精神是学校发展的重要动力。

2. 热情与专注并存：学校的老师和同学们都给人一种男士内敛绅士、女士端庄大气的感觉，也许这是这所学校对生活在这里的人们的影响，使他们渐渐形成的一种气质。我们看到教室里非常专注的学生。我们也看到运动场上热情洋溢、挥洒汗水的学生。这里鼓励学生们做自己，做一个对社区有贡献的人。

3. 一流的设施场馆：Deerfield Academy 的篮球馆、壁球馆、游泳池、网球场、足球场、图书馆、剧院都是一流的。这里为学生提供了一切能发展他们爱好和潜质的条件，让他们有更多的机会去发现自我，展现自我，同时也为学校争得荣誉。

4. 友爱、温暖的家庭氛围：Deerfield Academy 有温暖的家庭氛围。很多老师住在校园，学生们可以很容易找到老师，有任何困难也可以和老师沟通。学校也为国际学生安置当地的监护人，学生可以感受到家庭般的温暖和关爱，这是远离家庭的孩子们非常

与招生副主任 Peter Hynds 合影

需要的。学校宿舍非常温馨，可以按照自己的需求进行装饰。

招生老师建议：

1. 2017 年最低托福分数要求是 105 分。

2. 要看学校是否真的适合。真正热爱学习，有很好的自我驱动力及自主学习能力很强的同学们可以加入。

3. 关注学生的学术发展潜力以及学生和 Deerfield Academy 的匹配度。

PL: 小惊喜！我们走出 Deerfield Academy 的时候，看到对面是一所排名前三的寄宿初中 Eaglebrook School，和 Deerfield 仅仅一路之隔，因为没有预约，我们自己看了下校园环境。学校依山而建，自然环境非常好，体育场馆非常多。学校主教学楼在山顶，从山顶看下去风景非常优美。

第七站——Wilbraham & Monson Academy MA

时　间：2016 年 9 月 21 日　星期三　下午
关键词：国际化　靠近城市　艺术　篮球　初高中

在这次的走访计划中，9 月 21 日下午要去看看两名学生：Eva 和 Wernick。目前，Eva 是 10 年级在校生，Wernick 是 9 年级在校生。他们已在 Wilbraham & Monson Academy（WMA）就读一年了，2016 年 9 月份开始是第二年。Eva 刚刚成了学校的 Gold Key 成员，所以，得知我这次来学校访问，她非常开心地要做我的 Tour Guide。

Eva 曾是 High School 的学生，Wernick 是 Middle School 的学生，他们正好可以从不同年级、不同性别两个角度帮我做分析。下午三点一刻，我到达学校，两个孩子已经早早地等在招生办公室门口，见到我都特别开心，有一种在他乡见到祖国亲人的感觉，顿时觉得孩子们在国外独立生活需要多么大的勇气。Eva 是一个永远都快乐，带着正能量的女孩；Wernick 也很阳光开朗，到了美国之后变得更加阳光乐观。他们见到我就开始愉快地讲述学校的事情。顿时，我也感觉到自己做的这份工作是多么神圣，看到学生变得更好真是无比开心的事情。

我们来讲讲学校——WMA，全称是 Wilbraham & Monson Academy，创建于 1804 年，由 Wilbraham Academy 和 Monson Academy 合并而来，是一所历史悠久、建筑非常大气，具有学院风格的学校。

因为学校会议室及学校主楼在翻修，我们不能进入到主楼及学生上课的地方，我就和两个孩子走走校园，了解他们在学校的情况。我们先看了 Wernick 所在的初中部，和高中部仅隔一条马路，这里叫作 Blake Middle School，是 WMA 的初中校区，教学楼以创建者的名字命名。WMA 初中部为 6-8 年级，其中 8 年级招寄宿学生，初中部宿舍有 12 名学生。就读初中部的学生可以为高中生活做准备，学生学习及课外活动等方面达到了学校的要求即可顺利升入高中。Wernick 目前在校成绩很好，也很喜欢现在的学习及生活状态。他喜爱摄影，找到了学校很多很美的拍照角度和我分享。之后我们和 Wernick 一起参观了男生宿舍，这里每个宿舍两个孩子，尽可能地安排来自不同国家、不同文化的学生在一个宿舍。Wernick 的室友是一个韩国男生。宿舍很宽敞，是我们走访的这几所学校当中面积最大的双人宿舍。Wernick 在这里表现得游刃有余，找到了自己喜欢的学习和生活方式，非常为他高兴。Middle School 的课外活动包括：篮球、戏剧、曲棍球、乐高机器人、足球等。

离开男生宿舍，我们来到高中部校区。我们看到了 Eva 同学经常去的艺术楼，她经常在那里画画，那里可以学习画画、雕塑、3D、2D 设计等艺术学科。作为艺术爱好者的 Eva 来说，这是她经常光顾的地方。我们看到设计楼对面是另外一座教学楼，是学生学习语言、科学的地方。谈及学习，两位同学告诉我，他们学校最大的一个特点就是课程的全球化，他们非常重视 Global Study。很多学科的学习都和全球化挂钩，用国际化的心态去获取和吸收知识，学校也定期举办一些国际交流活动，比如到不同的国家学习不同的文化，让学生们具有全球化视野。学校最大的特色是 CEGS 教学（Centerfor Entrepreneurial & Global Studies），作为一个 Global Study 的中心，WMA 提供多门课程，让孩子成长为未来的全球化精英和领导者。

离开教学楼，我们来到了 Eva 的宿舍。这栋宿舍楼建筑风格非常现代化，里面有双人间、单人间，还有 loft，是全校最好的宿舍楼。Eva 住在这里的单人间，走进 Eva 的宿舍，房间里放着很多书，Eva 最大的爱好就是读书，这次去美国我也帮她从家里带去了很多书。Eva 在校 GPA 4.0 以上，也是学校的曲棍球队队员。我们进到招生办公室，招生主任 Mr. Brown 还特意让我看了 Eva 在学校表演的话剧，已做成了学校的宣传资料，真的非常值得骄傲。

学校有一座小山，同学们参加户外活动、拓展活动、生物观察等都可以在山上进行，亲近大自然。山间还有一个湖，风景非常美。Eva 说她经常会到这里来观鸟，感受大自然的美妙。Wernick 经常在这里摄影。她还报了划船课，也是在学校的湖里练习，她非常喜欢。

WMA 是一个集现代和自然风景为一体的学校，校园面积虽然不算特别大，不过有现代建筑，有一个非常棒的花房，有很好的网球运动场、体育场、足球场、图书馆，也有山林、湖泊。学生不仅可以享受现代化的校园，还可以享受山区的宁静、自然。在这里，同学们之间的关系非常紧密，大家彼此熟悉、友爱。同时，我们也可以看到竞技场上运动队之间激烈的较量，这就是美国教育特点的最大体现。

第八站——St. Paul's School NH

时　　间：2016 年 9 月 22 日 星期四 上午
关键词：学术卓越 严谨自律 自我激励 人文学科强

St. Paul's School，位于麻省北部的 New Hampshire，风景优美。一路走过来，都陶醉于沿途迷人的风景。St. Paul's School 是大家公认的学术牛校，校园面积 2000 英亩，非常大，100% 全寄宿学校，这样的全寄宿学校在美国也是为数不多的。

　　我们来到校园，首先看到的是主教学楼，然后询问了在校学生才知道招生办公室还要开车再到里面，招生办公室在一座石头建筑的房子里。驱车入内，沿着山路而上，看到了招生办公室，果然是红砖石头建筑的房子，很有特色。走到办公室，招生副主任便和我们开始交流。因为今天课程太满，学生没有时间带领我们走访校园，招生老师给我一张校园走访说明和一幅校园地图，我们可以自行参观。其中的圣保罗大教堂非常宏伟。

　　招生副主任 Timothy C. Caryl-Klika 是一位特别 Nice 的老师，当我们谈到 St. Paul's School 非常受中国孩子欢迎的时候，他给我们讲了 St. Paul's School 的特点：St. Paul's School 是一所非常注重人文学科的学校，人文学科课程的深度和难度是超越其他学校的。所以，对于申请者来说，不论是中国学生，还是来自任何国家的学生，他们都是按照本土学生的标准来考察。另外，还提到招生办公室在阅读学生的申请材料的时候发现，中国孩子的申请资料共性太多。比如，所有人都是好学生，所有人都弹钢琴，所有孩子都有数学竞赛。那么，在这种众多的单一化申请材料当中，他们找不到他们希望看到的有特色的学生。

与招生副主任 Timothy C. Caryl-Klika 合影

对于中国申请者，招生副主任建议：

1. 托福成绩 100 以上就可以考虑，不过真正关注的还是英文的阅读和写作，以及英文学习的深入程度。因为语言能力是学习人文学科的基础，如果语言能力不足，很难在 St. Paul's School 取得好的成绩，所以，对英语的驾驭能力是学校考察的一大要点。

2. St. Paul's School 非常看重学生对学校学术外的项目，比如学校提供丰富的体育及艺术课程的理解和参与；看重学生对 community 的理解和认识，如何和大家建立良好的关系，如何学会关心他人；看重学生的自我管理能力、自我学习能力、内在驱动力。希望中国学生在学校的选择上不要盲目，选择和自身特点更加匹配的学校才是最好的。

很可惜，今天没有能够深入地走访这所美丽的校园。不过和招生老师的沟通很有意义，其实美国私立寄宿中学更看重的还是与学生的匹配程度，我们应该在学校选择上多考虑自己与学校的匹配因素。

第九站——Proctor Academy NH

时　间：2016 年 9 月 22 日 星期四 下午
关键词：动手能力 学习 + 实践 热情

Proctor 是位于 New Hampshire 的一所占地面积非常大的寄宿学校，校园面积为 2500 英亩，学校宿舍 21 栋。校园内有四个湖泊，学校有 360 名学生，其中 275 名学生住宿。学校提供 139 门课程，14 门 AP 课程，师生比为 1 ：5。学校的理念是 "Live to learn, Learn to live"，非常谦逊。学校建筑都是木质结构，白色和绿色是学校的主题颜色。

招生办公室温暖舒适，有一条可爱的拉布拉多，非常友好地向来客打招呼。来到招生办公室，招生副主任 Hunter Churchill 接待了我。简单沟通之后我们出发去做校园参观，Mr. Churchill 告诉我：关于 Proctor 的很多特点你必须要亲眼看到，才能够体会到 Proctor 的不同之处。

我们首先来到了 International Management Office，见到了正在辅导一名越南学生的老师 Lisa。这是学校的一大特点，因为国际学生刚到学校，会遇到很多新的挑战和各种不适应。那么，Lisa 老师就会和他们定期交流沟通，解决他们在学术、生活等各方面遇到的困难，这种模式远远超过了 ESL 语言辅导的作用。

与招生副主任 Hunter Churchill 和 Lisa 老师合影

　　Proctor 在教学上非常注重学术的严谨、深入，同时也非常看重学术支持。学校认为学术的成就在于努力也在于学校给予的支持，老师愿意提供不同方式的支持学生，学生也非常容易找到老师寻求帮助。学校开设的特色选修课程有：神经科学、建筑设计、气候科学、调查学、辩论修辞学、林学、有机化学、企业管理学、中文、数学工程学。学校非常注重学生学习技巧的提高，包括：组织能力、时间管理能力、实践技能、自我影响、自我认知等。在人格培养上，非常重视培养学生成为有担当、有责任的人。

　　学校也非常注重学生的动手能力，因此提供相关项目：木工、建筑设计、艺术设计、音乐编辑和音乐制作。我们看到学生的作

品都非常有特点，学生们在这些课程上表现出了非常浓厚的兴趣，他们都非常专注。在艺术设计教室，我们见到了指导老师，老师告诉我们：在艺术课堂，大家都很专注。其实艺术真正的意义不在于他们的作品多么出众，而是在于他们有一颗体会美、感知美、追求美的内心，这才是艺术课程能带给他们最大的成就。另外一门让我觉得特别震撼的课程就是音乐合成编辑。音乐合成教室的设备非常齐全。走进合成教室，有三位同学在上课，他们在制作音乐，每人负责不同的部分，老师和同学们一起制作，时而指导他们，都非常认真。

来到科学教室，同学们正在上物理课，正好赶上教室外面有老师指导同学们做声波测试的实验。在 Proctor，学习过程很重要，理论和实践的结合也很重要，发现同学们的学习兴趣也是非常重要的。另外一个重要的发现，原来美国课堂也是收手机的。其实走访了这么多学校，所有学校在上课期间，对学生的手机使用都有着非常严格的管理，不过把手机收起来这是我看到的第一家学校。严格管理是学校的传统。

Proctor 实行小班授课，通常一个班级 10-12 名学生围坐一起，参加课堂讨论，积极地融入课堂中。学校定期会有大学来访，举办说明会，同学们可以根据自己的意向大学，参加说明会，和大学建立良好的前期沟通。学校的 3D 设计、Photoshop 学习都是全苹果系统，学生都是用苹果电脑、IPAD 教学，教学体系及设备非常先进。学校新建了一个大的餐厅，即将投入使用，在餐厅有严格的着装要求，学生和老师都必须严格遵守。

走出教学区，看到周边都是运动场馆，篮球、足球、网球、滑雪项目在这里都很强，这里也有非常完备的设施。由于 New

Hampshire 的地理因素，这里的滑雪项目尤其好。

Proctor 有几项特色课程是不得不提的，包括：Ocean Classroom（学习航行技能、海上文学、海洋科学、海洋历史、航行应用数学）；Mountain Classroom（学习登山文学、登山历史、社会生态学、探险技能、集体动力学）；European Art Classroom（学习欧洲历史、欧洲艺术史、法语、绘画基础、欧洲文学）；Segovia, Spain Classroom（学习西班牙语、西班牙历史、西班牙文学，去西班牙交换，感受当地文化）；Costa Rica Classroom（学习英语文学、西班牙语、数学、美国历史辅导、生物及社会生态学）。这一个系列的课程，和当地文化结合，采用理论结合实际的学习方式，提高学生的理解力、语言和社会学，并把理论和实际技能操作联系在一起。

谈到录取：

1. 学校的最低托福申请分数是 90 分，但是录取的平均分数都在 100 分以上。

2. 学校自主安排面试，鼓励学生到校参加面试。

3. 2017 年录取名额在 4 个左右，招收 9-10 年级的申请。

4. 希望学生能够深入了解学校的特点再做出选择。这是一所非常有特色的学校，不是所有的学生都适合，主要适合动手能力比较强、喜欢从实践中学习的学生。

第十站——The Hotchkiss School CT

时　间：2016 年 9 月 23 日　星期五　上午

关键词：新招生主任　学术强校　环境一流

从波士顿开车到 Hotchkiss 需要大约两个半小时，所以建议冬天面试的同学们最好提前住在学校附近。我们今天计划走访的是两所康州的牛校：The Hotchkiss School 和距离它一小时车程的 Taft School。Hotchkiss 位于康州的 Lakeville 小镇，周边的自然环境非常优美，有山有湖，美极了。

大部分美国中学没有校门的概念，然而 Hotchkiss 却不同，有一个非常气派的校门和主楼，非常的显眼大气。2016 年是 Hotchkiss 建校 125 周年，学校贴着大条幅庆祝学校的校庆。今天是全体学生开会日，学生都聚集在学生活动中心，走在校园里看不到学生。

我们来到招生办公室，因为临时安排学生开全体会议，我们的 Tour Guide 没有办法来完成这次校园走访，我们拿到了一幅学校地图，可以自行参观。校园随处可见的是学生的美术作品，学校的主教学楼里面、图书馆里都有悬挂。从作品中可以看出 Hotchkiss 学生独特的创造力。图书馆藏书丰富，是这次走访的学校当中藏书量最大的。整个校园的建筑虽然历史悠久，但是充满了现代化气息，教学设备先进。学校采用 Harkness Table 教学法，一个课堂 12 人，课堂里面都有 smart board。学校的体育设施一流，校园内有高尔夫球场，这也是在寄宿中学当中极为罕见的。从 9 月开始已经进入到

2017 的面试季，我们也看到很多学生在招生办公室等待面试。

简单参观之后我们回到招生办公室，和招生主任 Erby Mitchell 进行交流。Mr. Mitchell 刚刚调到 Hotchkiss 担任招生主任，大概有两个月的时间。他曾经就职于非常知名的寄宿中学 Loomis Chaffee School。Hotchkiss 2016 年有新的校长上任，Mr. Bradley。Mr. Bradley 曾经就职于 Bowdoin College。Mr. Mitchell 说：相信你们也可以体会到，Hotchkiss 可以说是美国一流的寄宿中学，这是最美的学校，这里可以给学生提供一流的学习环境，换言之，我们也需要最好的学生。我们的招生政策是招收最好的学生以及最认可我们的家庭，我们希望学生的家庭能够非常配合学校的教育，重视孩子的教育。

对于申请快速增长的中国的申请者，Hotchkiss 希望在下一年的招生中：

1. 申请的托福分数要求是 100 以上。

2. 多关注中国除北京上海这样的大城市之外的其他城市来的学生，也希望能够达到一种国际学生招生的多元化。

3. 如果有艺术、体育天赋的孩子们，申请的时候可以在学校网站找到上传视频及作品的链接，会有专门的科目老师来看学生的作品及视频。

4. 申请及面试的截止日期都是 1 月 15 日。

第十一站——The Taft School CT

时　　间：2016 年 9 月 23 日　星期五　下午

关键词：温暖的校园　热情　学术优秀　设施一流

创建于 1890 年的 The Taft School 是一所位于 Watertown 小镇的

学校，没有 Hotchkiss 那么远离市区，周围小镇环绕，增添了活跃的生活气氛。距离纽约 95 英里，距离波士顿 125 英里，是新英格兰地区公认的顶尖寄宿学校之一。Taft 的学术难度比较大，成绩单也是非常有分量的，学生可以选修荣誉课、AP 课及 Post-AP 课程，学校提供 32 门 AP 课程。同时，学校也提供很好的交换项目、校外课程，包括：缅因海洋项目、佛蒙特州山地考察项目、科罗拉多高山项目、巴哈马海岛学习项目，还有去中国、法国、意大利、西班牙一年的交换学习项目。学校有 594 名学生，男女生比例比较均衡。学校的建筑非常有特点，教学楼和宿舍集中在校园的中心，方便学生上课。运动场馆都在学校核心教学楼的周边，3 点放学之后学生们去校园的外围运动场馆参加体育活动。

　　学校的壁球、曲棍球及冰球项目都是非常突出。学校的冰球场馆很棒，冰球是冬季的主要运动，学校也经常和新英格兰地区

其他寄宿学校对抗比赛。学校的文科课程采取 Harkness Table 教学法，理科课程注重和实验的结合。

带我们走访的是一名来自上海的 11 年级学生，她非常喜欢自己在 Taft 的状态。她表示，Taft 是一所非常重视基础的学校，在她刚入学的时候，她的英文老师，也是她的 advisor 就非常重视帮她打好英文基础，帮助她提高英文语法及写作，指导她做阅读。经过第一年的努力，她的英文有了非常大的提高，现在她在修 AP 的英语及历史，这是一般中国学生很难做到的。Taft 的老师和学生的关系非常的紧密。这个女生告诉我，她几乎什么都可以和自己的 advisor 沟通，包括在家和父母的意见不合等，老师都能够尽可能地给她帮助，在 Taft 生活学习都很愉快。我问她对新一届的申请者有没有什么好的建议，她给了两条建议：

1. 选校的时候不要过分看重排名，排名好的不一定真正适合自己，建议考察学校找到真正适合自己的学校。

2. 托福高分并不代表英语真的好，刷分是一个方面，还是要多花点时间真正提高英语阅读和写作能力。

走访结束，我们和招生老师 Diana F. La Casse 沟通了申请政策：

1. 托福 105 分以上可以安排面试。

2. SSAT 最低要求是 80%。

3. 2016 年入学录取了 7 名大陆学生。目前在校中国学生有 40 个（包括香港和大陆），下一年的录取学生数还是这个比例。目前在校的大陆学生表现都很突出，学校都很满意。

4. 学校和 Vericant 合作，有专门的老师负责审理 Vericant，招生办公室的老师在申请审理方面都有分工。不做 skype 面试，只做校园面试。

与招生老师 Diana F. La Casse 合影

Taft Summer：

Taft 的夏令营时间是 6 月 26 日—7 月 30 日，2017 Summer 可以开始接受申请了。凡是在 2017 年秋升学到 7 年级或者 9 年级的学生都可以考虑。Summer 的课程内容涉及：英语、数学、语言、科学、历史、艺术，辅助有 ESL 及阶段性考试。除了学习之外，还有游览波士顿、纽约，耶鲁大学，新英格兰游乐场，康州科技中心、电影、购物、舞蹈、保龄、艺术节及参加社区服务活动，是一个非常丰富的夏令营。Summer School 由 Taft 老师授课，住在学校宿舍的学习机会，是一次很好的学习体验。国际学生申请需要提供托福成绩。

附：乌日娜老师团队历年优秀录取结果

寄宿高中

St. Paul's School（3）[1]

The Hotchkiss School（3）

Groton School（2）

Deerfield Academy（4）

Brooks School（2）

Cate School（1）

Choate Rosemary Hall（3）

Middlesex School（1）

Emma Willard School（2）

Episcopal High School（2）

Georgetown Preparatory School（2）

Kent School（6）

Miss Porter's school（1）

Northfield Mount Hermon（3）

St. Andrew's School, DE（1）

The Hill School（4）

The Hockaday School（3）

The Thacher School（1）

---

[1] 括号当中的数字表示录取学生的人数。

The Webb Schools（2）

Peddie School（1）

Pomfret School（1）

The Governor's Academy（1）

Tabor Academy（1）

Mercersburg Academy（1）

Stevenson School（4）

The Madeira School（2）

Indian Springs School（3）

George School（3）

Asheville School（1）

Dana Hall（3）

Baylor School（2）

Canterbury School（1）

Culver Academies（1）

Cushing Academy（8）

Flintridge Scared Heart Academy（2）

Kimball Union Academy（2）

Lake Forest Academy（3）

Mount Michael Benedictine School（1）

Oregon Episcopal School（3）

St. Annie's Belfield School（2）

St. James School（3）

St. John's Preparatory School（2）

St. Stephen Episcopal School（2）

The Bullis School（1）

The Cambridge School of Weston（1）

The Stony Brook School（3）

Trinity-Pawling School（2）

Western Reserve Academy（3）

Westtown School（3）

Woodside Priory School（1）

The Masters School（1）

Suffield Academy（1）

Rectory School（1）

Annie Wright School（3）

Ashley Hall（1）

Christ School（1）

Christchurch School（5）

Darlington School（3）

Dunn School（3）

Garrison Forest Academy（2）

Gilmour Academy（4）

Interlochen Arts Academy（2）

Miller School of Albemarle（4）

New Hampton School（3）

Ojai Valley School（2）

Oldfields School（3）

Perkiomen School（3）

Shattuck-St. Mary's School（2）

The Gunnery（3）

Virginia Episcopal School（7）

Wilbraham & Monson Academy（6）

Worcester Academy（3）

Wyoming Seminary Upper School（3）

The Bolles School（1）

San Domenico School（1）

The Ethel Walker School（1）

Salisbury School（1）

The Linsly School（1）

Solebury School（2）

Rabun Gap−Nacoochee School（1）

The MacDuffie School（1）

La Lumiere School（1）

Chatham Hall（1）

Ross School（3）

Chaminade College Preparatory School（3）

Chapel Hill Chauncy Hall（2）

Delphian School（1）

St. Andrew's School（RI）（4）

Idyllwild Arts Academy（3）

Marianapolis Preparatory School（5）

Monte Vista Christian School（1）

North Broward Preparatory School（1）

St. Mary's School（4）

The Grier School（3）

The Northwest School（1）

The Putney School（1）

The Village School（2）

The Winchendon School（2）

Vermont Academy（3）

Villanova Preparatory School（1）

Walnut Hill School（4）

Wasatch Academy（1）

Wayland Academy（2）

Tilton School（1）

Stoneleigh-Burnham School（1）

West Nottingham（1）

Cheshire Academy（1）

Washington Academy（1）

Stuart Hall School（1）

寄宿初中

Fay School（3）

Indian Mountain School（1）

Bement School（1）

Rumsey Hall（1）

Cardigan Mountain School（1）

The Hillside School（1）